CHARLES COLSON

Cosmovisión cristiana

Confrontando la crisis de nuestra cultura

EDITORIAL PATMOS

Cosmovisión cristiana

Publicado por Editorial Patmos,
Miami, FL 33169 USA

Publicado originalmente en inglés por Worthy Publishing, Brentwood, TN 37027 E.U.A. con el título *The Sky Is Not Falling.*

Traducido por Silvia Cudich
Diseño de portada: Luiz Felipe Kessler
ISBN 10: 1-58802-673-6
ISBN 13: 978-1-58802-673-6
Categoría: Apólogetica/Doctrina

Impreso en Brasil
Printed in Brazil

CONTENIDO

NOTA DEL EDITOR

Charles Colson fue vastamente respetado como un observador de los asuntos de la fe y la cultura, además de ser una de las voces líderes en los temas que le han dado forma a nuestra sociedad. A lo largo de los años, él impartió su sabiduría y profundas ideas en la revista *Christianity Today* [Cristianismo Hoy]. Muchas de esas ideas están aquí entretejidas, ofreciendo una perdurable esperanza y frescas perspectivas para nuestra época.

Obviamente, Colson escribió en el contexto de su país, Los Estados Unidos de América. Sin embargo, en un mundo global, los mismos principios se pueden observar también en otros países del mundo.

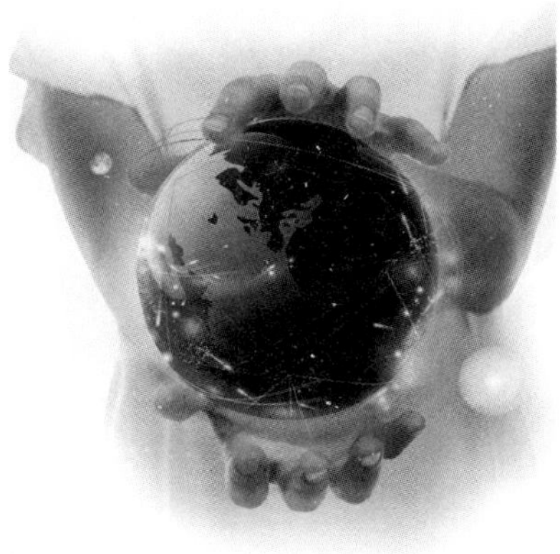

PRÓLOGO

Cuando algún historiador futuro escriba dentro de 100 años la historia del evangelicalismo de los Estados Unidos, la vida y obra de Chuck Colson tendrán un importante rol en la historia. La propia historia de su vida es cautivante.

Nacido en Boston cuando Herbert Hoover era presidente de los Estados Unidos, Colson se graduó en la Universidad Brown, sirvió a su país como infante de marina, se convirtió en un insuperable abogado y, eventualmente, sirvió como abogado especial del presidente Richard M. Nixon. Envuelto en el escándalo de Watergate, Colson se cayó del pináculo del poder y al poco tiempo estaba cumpliendo su condena en una cárcel de Alabama. Como consecuencia de esta experiencia devastadora, se convirtió al cristianismo, experiencia que describe en su exitoso libro *Born Again* [Nacido de nuevo]. Mientras estaba aún en la prisión, Dios le impartió la visión de un ministerio a los prisioneros y sus familias. De esta visión surgió Prison Fellowship [Confraternidad Carcelaria], el mayor programa de alcance a las prisiones del mundo, el cual está actualmente diseminado en 120 países.

Durante la primera época de la Confraternidad Carcelaria, mucha gente pensó que Colson no era más que otra novedad pasajera. Desgraciadamente, el mundo evangélico tenía demasiadas celebridades que usaban su fama para promoverse y enriquecerse a expensas de los demás. ¿Acaso Colson sería otro más de estos? Mucha gente se lo preguntaba. ¿Tendría poder para perdurar?

Ahora, más de tres décadas y media después, aún los críticos más severos tienen que admitir que Colson es "auténtico".

Eugene Peterson describió cierta vez la vida de fe como "una obediencia larga en la misma dirección" [publicado en español por Editorial Patmos con ese mismo título]. Esta es la historia de la carrera de Colson como reformador de prisiones, columnista, autor y estadista respetado en el movimiento cristiano mundial. Aquí tenemos a un hombre de Dios que demuestra su fe mediante sus obras. Desde finales de los setenta, Colson ha visitado más de 600 prisiones en cuarenta países. Con la ayuda de miles de voluntarios, ha desarrollado programas efectivos en justicia reconstituyente, atención de la comunidad, renovación de las zonas urbanas deprimidas, rehabilitación y una red de apoyo afectivo para los hijos de los prisioneros, apropiadamente denominada *Angel Tree* [Árbol del ángel]. Colson conoce por experiencia el poder transformador de Jesucristo y está dedicado a compartirlo con los demás: los menos, los últimos, los perdidos. En reconocimiento de su obra, en 1993 Colson recibió el prestigioso premio de un millón de dólares *Templeton Prize for Progress in Religion* [Premio Templeton para el avance en la religión], el cual donó a la Confraternidad Carcelaria, tal como hace con el dinero que recibe por sus charlas y regalías de sus libros.

Recientemente, Colson comenzó a ver con mayor claridad la conexión entre una genuina reforma carcelaria y los más amplios asuntos sociales y éticos que influyen a nuestra cultura hoy día. En una época en que algunas voces sugieren que la iglesia tendría que limitarse a sus propios asuntos y evitar tomar una postura en cualquier asunto pertinente a la esfera pública, Colson surgió como una importante voz que llama a los creyentes cristianos de todo el mundo a reconocer el señorío de Jesucristo en toda su vida. Este no es un llamado a que los cristianos sean más "políticos" en el sentido de aceptar el programa de cualquier ideología o movimiento partisanos. El enfoque de Colson fue más bien el de convocar los primeros principios: un reconocimiento que existen absolutos morales que podemos transgredir sólo a riesgo personal, que las soluciones utópicas a los problemas sociales son inútiles y contraproducentes, que el imperio de la ley tiene un lugar respetado en el ordenamiento de una sociedad justa, pero que los cristianos tienen un compromiso no negociable de "dar al César lo que es del César, pero bajo ninguna circunstancia dar al César lo que le pertenece a Dios".

Esa última oración está tomada de los últimos renglones de la Declaración de Manhattan, una proclamación de conciencia cristiana redactada por Chuck Colson, Robert George y yo y firmada por más de 500.000 miembros de la comunidad cristiana. Afirma la santidad de la vida humana desde su concepción hasta su muerte natural, la dignidad del matrimonio como una unión de pacto para toda la vida entre un hombre y una mujer, y libertad religiosa para todas de todo el mundo. La Declaración de Manhattan está íntimamente relacionada con otra iniciativa desarrollada por Colson, una serie de videos dividida en seis partes titulada *Doing the Right Thing* [Cómo hacer lo correcto]. Este es un esfuerzo por ir más allá de un programa de ética basado en obedecer las reglas y acatar las regulaciones gubernamentales. *Doing the Right Thing* plantea interrogantes fundamentales sobre las suposiciones subyacentes que rodean nuestros actos públicos. Solicita una renovación del deber, la integridad, la fidelidad, la humildad y la clase de espiritualidad que reconoce a la vida misma como un regalo de Dios.

Durante dos décadas, tuve el privilegio de conocer a Chuck Colson y de trabajar íntimamente con él. Estuve junto a Colson mientras visitaba prisiones y predicaba el evangelio a hombres y mujeres detrás de las rejas. Me senté a su lado durante difíciles juntas de directorio y compartí sus luchas sobre cómo hacer lo correcto de la manera correcto. Lo vi abrazar a pequeños niños y extender su mano a hermanos y hermanas marginados por la sociedad. En estas y muchas otras situaciones, pude ver el amor de Cristo brillar a través de él.

Chuck Colson presentó una palabra profética para la iglesia actual. La comparte aquí con convicción, compasión y una rara sabiduría.

—Timothy George

Presidente del Directorio, *BreakPoint*

Decano fundador, Facultad de Teología Beeson, Universidad de Samford

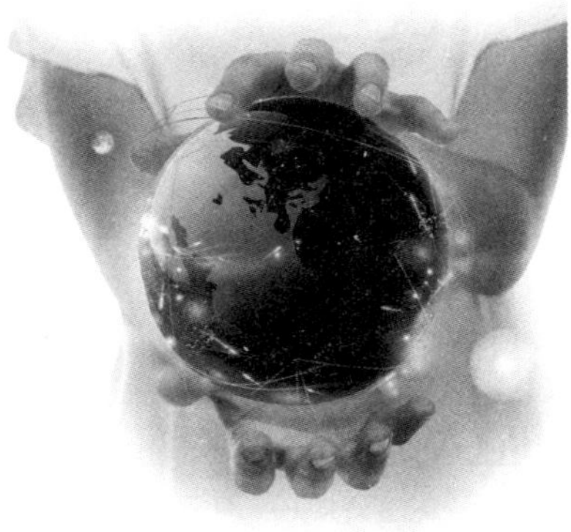

INTRODUCCIÓN

Las elecciones de 2008 dejaron perplejos a los conservadores morales. Y esto no es ninguna sorpresa[1]. Aun cuando el 70 por ciento de los estadounidenses se oponen al aborto de nacimiento parcial, los votantes les otorgaron el cargo a un presidente y a mayorías parlamentarias en ambas Cámaras que lo favorecen. Aun cuando la mayoría de los estadounidenses sostienen opiniones de centro derecha, los votantes eligieron un gobierno que es más centro izquierda que cualquiera de los gobiernos de la historia de nuestra nación.

Los resultados profundizan un malestar que he sentido entre los evangélicos sobre nuestra capacidad de cambiar la cultura. En todas partes escucho a cristianos cansados de luchar que hablan de abandonar el compromiso cultural para dedicarse a sus propios asuntos privados.

Como otros líderes de ministerios cristianos, sé que la manera más efectiva de recaudar fondos es gritando que el cielo está por caerse, pero tendríamos que resistir la tentación de hacerlo. Tendríamos que inspirar esperanza.

La razón más poderosa para tener esperanza es echar una mirada que vaya más allá de cualquier elección actual para ver las tendencias históricas más profundas y a largo plazo. El siglo veinte era la edad de las ideologías, de los grandes "ismos": comunismo, socialismo, nazismo, liberalismo, humanismo, cientificismo. En todas partes, los ideólogos albergaban la visión de crear una sociedad ideal mediante algún plan utópico. Ya sea por pureza revolucionaria o racial o tecnología científica, estos verdaderos creyentes emprendieron la tarea de construir una Torre de Babel moderna que alcanzara los cielos (metafóricamente, ya que la mayoría era agresivamente secular).

Esta actitud fue captada por la película Titanic, cuando un pasajero observa con orgullo el barco y declara: "Ni Dios mismo podría hundirlo."

Otros ídolos se han hundido de la misma manera, aunque no tan rápidamente. El nazismo cayó para siempre en la desgracia debido a los horrores de sus campos de concentración. La Unión Soviética se derrumbó con el Muro de Berlín. Por todo el mundo, naciones que habían sido socialistas se han alineado para establecer economías libres. El liberalismo, aunque todavía poderoso, ha perdido su esplendor: los políticos americanos evitan su rótulo. Incluso la ciencia parece a menudo un monstruo propio de Frankenstein que se vuelve en contra de sus creadores.

Este fue el hecho más significativo en los fines del siglo veinte: todas las principales construcciones ideológicas habían fracasado, encontrándose ahora en la pila de cenizas de la historia. Porque todas estaban basadas en el mismo tema subyacente: si se lo libera al individuo de la opresión de la familia, iglesia y costumbres locales, él será una persona libre y autónoma. Pero hoy día se ve claramente que el debilitamiento de los vínculos morales de la familia, iglesia y vecindario no conduce a la libertad, sino a la alienación, soledad, desorden y crimen, incluso al surgimiento del estado totalitario.

El sueño de la autonomía se ha convertido en una pesadilla de caos y coerción. Hoy día, la corriente está cambiando, a medida que los norteamericanos están cada vez más desesperados por obtener la seguridad que se encuentra en los vínculos morales de la familia y la comunidad.

El único "ismo" que queda es el posmodernismo, que no es una ideología, sino el repudio de todas las ideologías. Su relativismo es la admisión de que todo intento de construir una visión del mundo exhaustiva y utópica ha fracasado. Es una expresión formal de desesperación.

Sólo resta un solo reclamo persuasivo de la verdad transcendente, una sola esperanza segura: el cristianismo. La iglesia ha permanecido imperturbable a lo largo de las idas y venidas de dos milenios. Ha sobrevivido las invasiones bárbaras de la Edad Media y los ataques intelectuales de la era moderna. Sus sólidas murallas se erigen por encima de las ruinas desparramadas por todo el panorama intelectual.

Este momento, cuando la cultura en general se enfrenta a la bancarrota de sus sistemas, es el peor momento para que los cristianos se desesperen. Al contrario, es el momento de hacer sonar las trompetas y desplegar el estandarte. El abandonar el campo de batalla ahora sería una ceguera histórica, traicionando nuestra herencia justo cuando tenemos la mejor oportunidad del mundo. Este es el momento de probar que el cristianismo ofrece la única esperanza racional y realista para la redención personal y la renovación social.

Ésta no es una visión optimista de nuestra cultura que ignora la profundidad de nuestros problemas culturales, gubernamentales, económicos y éticos o que pretende que no son reales ni serios. Son terriblemente reales y absolutamente serios. Si no los controlamos, el cielo se caerá. Nuestra cultura se derrumbará con tanta certeza como la del antiguo Israel cuando ellos se alejaron de los principios protectores y vitales de Dios. Pero el colapso está lejos de ser inevitable, ya que la iglesia posee en sus propósitos, visiones del mundo, valores y actitudes y en su misión todo lo necesario para darle un nuevo rumbo a la cultura.

Este libro, tejido, adaptado y actualizado de artículos que he escrito en *Christianity Today* en los últimos doce años, aborda muchos de los problemas visiblemente aparentes en la cultura actual y muestra cómo la iglesia tiene la respuesta que puede aún salvarnos si la aplicamos. Jamás ha sido más importante que ahora que los cristianos permanezcan comprometidos en la tarea de la renovación cultural, firmes en sus puestos. Y si nos mantenemos constantes, no tenemos ninguna razón para temer que fragmentos del cielo azul se nos caigan sobre la cabeza.

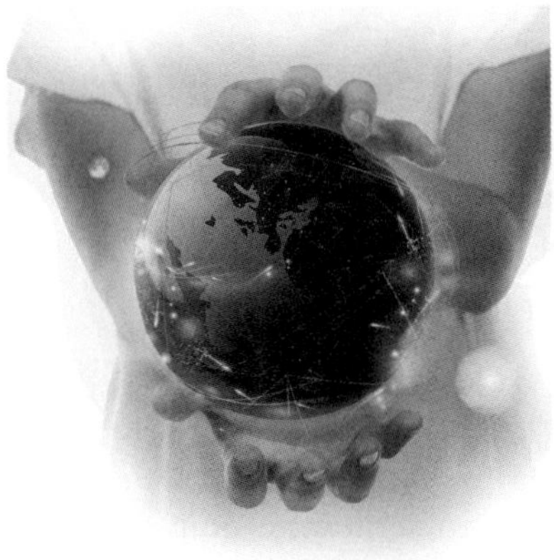

1
CÓMO SUPERAR LA ENORME DIVISIÓN IDEOLÓGICA

Entre las personas sofisticadas de las zonas más encumbradas de Manhattan y en los salones de Georgetown, la elección del presidente Bush en noviembre del 2000 produjo llanto, rechinar de dientes y rasgarse las vestiduras (de moda)[2]. Los contrariados votantes demócratas amenazaban con irse del país para escaparse de los "yihadistas" y los "ulemas" que gobernaban —y arruinaban— a los Estados Unidos.

Cuatro años más tarde, en una columna titulada "Dos naciones bajo Dios", Thomas Friedman en el New York Times dijo que se levantó la mañana de la reelección de Bush "profundamente preocupado" porque "ellos [Bush y compañía] favorecían una clase completamente diferente de América que la mía". El amén, hizo eco con Tina Brown en el Washington Post: "Los neoyorquinos no desean vivir en una república del temor."

Pero las elecciones de noviembre de 2008 dejaron perplejos a los conservadores morales también, cosa que no debería extrañarnos. Con las victorias de Barak Obama y las contundentes mayorías demócratas en la Cámara de Diputados y el Senado, les parecía que la nación había sido capturada por algo parecido a un poder hostil.

Como lo demuestran estos lamentos de ambos lados del espectro, lo que hemos visto en estas elecciones es una continua profundización de las hostilidades entre los estados republicanos y demócratas, "retros" y "metropolitanos". La historiadora Gertrude

Himmelfarb describió este fenómeno como dos culturas existentes dentro de una misma nación. Ella cree que las dos pueden coexistir pacíficamente; yo me lo pregunto. Los americanos están involucrados en una guerra civil mantenida por otros medios. Como ocurrió con la primera Guerra Civil, nos dividen asuntos fundamentales.

UN GRAN CISMA CULTURAL

¿Cómo nos metimos en semejante embrollo? Algunos sugieren que comenzó cuando las fuerzas seculares insistieron con vehemencia en sus opiniones sobre el aborto y los derechos de los homosexuales en los tribunales. En parte es así. Pero yo pienso que tenemos que mirar más profundamente. Nosotros construimos el hoyo que se convirtió en un gran cisma cultural cuando abandonamos nuestras creencias en una verdad moral que es conocible.

La gente que rechaza a la autoridad trascendente no puede ya persuadir a los demás mediante argumentos racionales; todo queda reducido a la opinión personal. Los debates sobre las ideas por tanto se transforman en luchas de poder; no nos quedan normas morales que nos permitan calibrar el bien común. En realidad, ¿cómo puede haber un "bien común" sin un estándar objetivo de la verdad?

La muerte de la verdad moral ha fracturado a Los Estados Unidos en dos campos opositores cuyas preferencias se han endurecido hasta convertirse en ideologías. Y las ideologías son enemigas de la verdad revelada. Son también enemigas del conservadurismo clásico, que depende, como escribió Russell Kirk, de la tradición y la sabiduría acumulada del pasado; las ideologías, por otra parte, son un plan humano sobre la manera en que debería formarse el mundo. Ya sea de izquierda o derecha, las ideologías son utópicas: la idea peligrosa de que podemos construir una sociedad perfecta.

Esta es la razón por la cual la política es tan espantosa hoy día. Cuando yo trabajaba en el Capitolio en los 50, existía camaradería entre los políticos. Los demócratas venían a nuestra oficina y charlaban con nosotros. La gente de ambos partidos políticos se reunía para tomar un trago después del trabajo. Por supuesto, teníamos desacuerdos. Pero cuando se trataba de asuntos sobre cómo ocuparse de los pobres, nuestras diferencias eran acerca del grado y medios para lograrlo. Todos compartíamos las mismas ideas sobre qué era lo que creaba una buena sociedad.

Ya no es así. Hoy día, las ideologías son irreconciliables. Junto con menos impuestos, los conservadores religiosos luchan por el orden moral, respeto por la tradición, protección de la vida y expresión religiosa. Muchos secularistas, por el contrario, descartan la idea de que el gobierno tenga que reforzar cualquier bien moral. Es más, ellos desean que el gobierno proteja a las personas de tantas normas impuestas: es el libertarismo radical.

Este es el núcleo de la guerra cultural; la razón por la que los "rojos" (republicanos) y los "azules" (demócratas) se han trabado en un combate mortal. Es una lucha por el máximo poder. El máximo poder es lo que ingresa para llenar el vacío cuando una sociedad pierde su consenso sobre la validez de los absolutos morales como la base para una visión común del mundo. Y, a partir de mi propia experiencia, puedo aseverar que estamos perdiendo —o peor aún, ya hemos perdido— nuestro sentido comunitario de los absolutos morales.

AQUÍ HAY ALGO QUE NO CUAJA

Durante años, he enseñado con frecuencia clases de Cosmovisión a grupos de brillantes estudiantes jóvenes. Con cada grupo, tenía la misma penosa experiencia. Cuando presentaba un clásico ejemplo de una proposición moral que se refutaba a sí misma, no lo entendían.

Un ejemplo: el ya fallecido Christopher Reeve, en su silla de ruedas con un respirador automático, estaba prestando testimonio frente a un comité del Senado. Reeve rechazaba las objeciones morales a la investigación con células madre de embriones, afirmando que el propósito del gobierno es "servir el máximo bien para la mayor cantidad de personas".

Entonces les pregunté a mis alumnos: "¿Qué es lo que no cuaja aquí?" Cuando no obtuve ninguna respuesta, les di varias claves. Sólo un alumno me dio la respuesta correcta: si lo que Reeve propugnaba en realidad era nuestra filosofía imperante, no habría estado allí presente para testificar. ¿Quién gastaría millones para mantenerlo vivo cuando ese dinero podía ser usado para ayudar a miles de personas?

Yo no sé si los alumnos carecían de talento analítico o si estaban sólo confusos, pero cuando les expliqué la contradicción inherente, finalmente se les prendió la luz. Cuando discutí el concepto de la verdad absoluta y el hecho de que podemos conocerla, algunos asintieron con la cabeza para indicar que lo comprendían, pero no había duda de que estaba entrando en terreno desconocido. Estos alumnos, para su información, eran el producto de hogares y colegios cristianos.

Esta falta de conciencia, de una visión del mundo, es asombrosa pero es exactamente lo que ha descubierto el Grupo Barna en una reciente encuesta: sólo el 9 por ciento de los alumnos evangélicos creen en algo llamado verdad absoluta. ¿Qué nos indica esto sobre la labor que están llevando a cabo nuestras escuelas, familias e iglesias?

POS POSMODERNISMO

Ocupémonos primero de los colegios. Muchos cristianos, como el ex presidente de la Confraternidad Carcelaria, Mark Earley, quien tuvo un cargo público durante trece años, apoyan el sistema escolar público. Ellos creen que los alumnos cristianos tendrían que ser parte de él y aportar una influencia cristiana. Mark ha practicado lo que predica, enviando a sus seis hijos a colegios públicos.

Pero por primera vez en su vida, Mark está teniendo serias dudas al respecto. El problema es que se les ha inculcado a los alumnos que es incorrecto afirmar que algo es la verdad. Esta interpretación deformada de la tolerancia hace que sea una ofensa hacer aseveraciones sobre la veracidad de algo, o juzgar las ideas y conductas de los demás.

Este aborrecimiento de toda afirmación de verdad absoluta proviene de la mentalidad posmoderna, que afirma que no podemos tener ninguna "metanarrativa grandiosa" que le dé sentido a la realidad. Como no existe nada que podamos llamar verdad, todos los principios son meras preferencias personales. La prevalencia cada vez mayor de esa clase de mentalidad explica en gran parte por qué estamos actualmente involucrados en una nueva guerra civil. Como explica el profesor Ed Veith, el posmodernismo afirma que lo único que podemos hacer es tratar de imponer nuestras preferencias a los demás antes de que ellos nos impongan las suyas.

Cuando examinamos sus raíces, podemos ver por qué el posmodernismo conduce a un encono belicoso. Como filosofía, el posmodernismo toma su inspiración de los escritos del filósofo del siglo diecinueve, Federico Nietzsche, quien argumentó que los "lenguajes del bien y del mal" no tienen sus raíces en la verdad o la razón, sino en la voluntad de poder. En los años 30, los nazis le dieron cuerpo a las ideas de Nietzsche, produciendo consecuencias horríficas.

Aun cuando los poderes occidentales derrotaron a los nazis, nosotros no derrotamos la filosofía que los incitó. En el *Atlantic Monthly,* el científico político Francis Fukuyama dice que la decadencia de la moralidad tradicional en el occidente puede rastrearse directamente a la opinión de Nietzsche de que los principios morales no son objetivos; son inventos culturales que sirven como telones de humo para las luchas de poder. Y como son "construidos socialmente", tienen que ser "desarmados" para desenmascarar la captura de poder subyacente.

Por tanto, la autoridad subvertida se convierte en algo bueno, quebrantando las reglas como un acto de liberación. Esto explica por qué la palabra *transgresión* que encontramos en algunas versiones de la Biblia se ha convertido en un rasgo distintivo en algunos círculos académicos. Como crítico literario, Roger Shattuck escribe que los posmodernistas han "transformado el pecado y el mal en un término positivo: 'transgresión'". Ellos alaban los actos "transgresores" para echar abajo las agobiantes reglas morales.

EL LEGADO DE NIETZSCHE

El difunto Michel Foucault incluso alabó la violencia irracional como una manera de liberarse de las reglas impuestas en el nombre de la razón. A medida que estas ideas se infiltran en la cultura popular, las películas y la música rap describen a asesinos como confiados, eficientes, imperturbables. Atractivos. Y, a la larga, los niños, como los dos adolescentes imitadores de los nazis en el colegio secundario de Columbine cerca de Littleton, Colorado, en 1999, barren a tiros a sus compañeros de escuela mientras se ríen a carcajadas.

Hace ochenta y cinco años ocurrió algo parecido a Littleton cuando dos estudiantes universitarios, Nathan Leopold y Richard

Loeb, asesinaron a un niño de catorce años. Su abogado defensor era el infame Clarence Darrow, y su apelación más dramática fue argumentar que Leopold había absorbido las ideas de Nietzsche en el colegio. "Su Señoría", dijo, "no es justo enviar a la horca a un joven de diecinueve años a causa de la filosofía que le enseñaron en la universidad."

Por supuesto, en ambos casos los asesinos eran responsables de sus acciones. Sin embargo, los asesinos de Littleton estaban manifestando las consecuencias lógicas de un posmodernismo que se enseña hoy día desde la universidad hasta las escuelas primarias. Estaban reflejando en una acción grotesca lo que la cultura adulta propugna en conceptos abstractos.

Francis Schaeffer enseñaba un método de preevangelización que presionaba a la gente a las consecuencias lógicas de sus propias creencias. Littleton, así como Leopold y Loeb, sirven como ilustración de aquello a lo que nos lleva la filosofía de Nietzsche cuando la manifestamos en un mundo real. Es una cosa debatir el tema en un entorno académico enrarecido; es otra muy diferente cuando un adolescente con ideas nazis nos apunta con una pistola. De repente, nos damos cuenta de que las visiones del mundo son importantes.

Littleton puso además en evidencia el contraste entre el legado de Nietzsche y la visión cristiana del mundo. Los asesinos albergaban un profundo odio hacia el cristianismo y relatan que antes de matar a algunas de sus víctimas, les preguntaban si creían en Dios. Entre las adolescentes martirizadas estaba Rachel Scott, la primera que mataron, a quien le dijeron que "se fuera para estar con él" y a quien le dispararon en la cabeza mientras ella contestaba que "sí". A Cassie Bernal la encontraron más tarde con las manos unidas aún en oración, y Valeen Schnurr, una de las sobrevivientes, sufrió múltiples heridas de disparos después de haber también respondido que "sí".

¿Quién se puede olvidar de las fotos en las noticias de la colina con las cruces de los asesinados? ¿O de las entrevistas con los padres cristianos que ofrecían perdón y reconciliación? ¿O de los funerales emitiendo el mensaje del evangelio por toda la nación? Yo no puedo recordar ningún evento en los últimos años que haya producido un testimonio cristiano más impresionante.

Dios no puede ser burlado. Un ataque feroz contra su pueblo se transformó en una poderosa demostración de cómo la fe puede imponerse al mal. Estos adolescentes inspiraron a otros. A lo largo y ancho del país, los pastores de jóvenes reportaron avivamientos. En la iglesia de Cassie Bernal solamente, se sumaron otras 500 personas a la congregación. La revista *Time* publicó un artículo de dos páginas sobre el asombroso avivamiento entre los adolescentes.

VISIONES OPUESTAS DEL MUNDO

Littleton nos llevó a enfrentar los dos lados de la guerra civil actual, las dos visiones del mundo que compiten por nuestra alianza, un posmodernismo que tiene sus raíces en la voluntad del poder contrastado con una fe bíblica que tiene su fundamento en la voluntad de Dios. ¿A quién elegirá América? Hay considerables evidencias que sugieren que muchos están ahora listos para tomar la decisión correcta.

Si pegamos el oído al suelo en Washington, D.C., el retumbo que escucharemos no es el del subterráneo, sino el de una ira populista que avanza a toda velocidad hacia el Capitolio. Los estadounidenses, en general, han perdido la fe en sus instituciones, y la evidencia está en todas partes. De acuerdo con las encuestas de CBS News, al comienzo del nuevo milenio, el 45 por ciento de los estadounidenses confiaban en que el gobierno haría lo correcto la mayor parte de las veces. Ahora, sólo un 25 por ciento lo hace. Una encuesta conjunta de enero de 2010 realizada por NBC y el *Wall Street Journal* descubrió que el porcentaje de personas que perciben al presidente en forma negativa se había casi duplicado en un año. Los índices de aprobación del Congreso eran aún menores: 21 por ciento y, de acuerdo con la encuesta Rasmussen, en 2011 habían descendido a un solo dígito.

En cierta manera, la falta de confianza está justificada. El huracán Katrina fue un golpe del que la Administración de Bush nunca logró recuperarse plenamente, así como la ineficaz respuesta al derrame de petróleo del Golfo en el 2010 ocasionó un daño incalculable a la Administración de Obama. Una pesada burocracia gubernamental demasiado lenta en su provisión de ayuda hizo añicos la fe de los ciudadanos en la eficacia del gobierno.

Pero la incompetencia del gobierno fue magnificada en el caso del terrorista nigeriano que casi derriba un avión de la Northwest Airlines que iba rumbo a Detroit en diciembre de 2009. No fue un masivo aparato gubernamental quien frustró sus planes, sino la valentía de los pasajeros. Durante la autopsia, descubrimos que a pesar de una campaña de muchos trillones de dólares para proteger a los ciudadanos del terrorismo, y el hecho de que la oficina de visas en Lagos, Nigeria, había sido alertada de que Umar Farouq Addulmutallab era peligroso, le otorgaron de todas maneras una visa. Es aterrador.

Cuanto más se engrandece el gobierno, tanto más se aleja de la gente. Desde la masiva expansión de la asistencia médica a cada vez mayores controles ambientales, impuestos más altos y complejos déficits del presupuesto, la gente se siente abrumada e impotente. No ayuda que el Congreso cierre sus puertas para redactar un proyecto ley de asistencia médica en comité conjunto de ambas Cámaras, indicando una solicitud al público de que no se entrometa en sus asuntos.

¿A dónde nos llevará todo esto? Hay algunos pocos escenarios posibles. El gobierno podría obtener una dosis de realidad y ponerle freno a todo esto. Pero sus líderes no nos dan ningún indicio de que se estén conteniendo. Un segundo escenario podría empujarnos hacia el precipicio de la bancarrota nacional, que es lo que ha ocurrido en muchos países cuyos gobiernos gastan de manera irresponsable. La tercera posibilidad, y la que pienso que estamos por presenciar, es que la guerra civil acerca de cuál filosofía dominará la manera en que somos gobernados podría incitar una revuelta populista.

Los movimientos populistas en los Estados Unidos pueden ser algo saludable, como cuando Andrew Jackson rompió el control de la élite del Este sobre la presidencia, o cuando William Jennings Bryan, que fue tres veces el candidato demócrata para la presidencia, lideró un movimiento para darle una voz más alta a las desilusionadas masas de gente. Pero esta vez, una enorme ola de sentimientos antigubernamentales podría destrozar el consenso político, lo cual podría dejar al país prácticamente inmanejable.

ROJOS, AZULES (REPUBLICANOS Y DEMÓCRATAS) Y BLANCOS Y NEGROS

La consecuencia inevitable de todo esto tendría que preocupar profundamente a los cristianos quienes, de entre todos los segmentos de nuestra sociedad, comprenden la necesidad de un gobierno fuerte. La Biblia enseña que Dios ordena los gobiernos, nombra a los líderes y requiere obediencia para que podamos vivir una vida en paz y tranquilidad.

¿Por qué es esto? Dios reconoce que entre los seres humanos caídos en un mundo caído, incluso un mal gobierno es mejor que ningún gobierno. Ningún gobierno nos va a conducir al caos y al control del populacho. Cuando se desintegra el orden, la justicia inevitablemente se debilita. Como afirmó San Agustín, la paz fluye del orden, y ambos son condiciones necesarias para preservar la libertad y una cierta medida de dignidad humana y prosperidad.

Es por esto que los grandes líderes de la fe durante el curso de la historia han tenido en gran estima a los gobiernos. Algunos, como Juan Calvino, consideraba que ser magistrado era la más alta de las vocaciones.

Por supuesto, aun cuando tengamos una opinión muy alta del gobierno, él no es un cheque en blanco. Las doctrinas cristianas tales como la soberanía de las esferas, subsidiariedad (nada tendría que ser hecho por una organización más grande y compleja cuando una organización más pequeña puede lograrlo), el equilibrio de poderes y la ley trascendente de Dios tienen que mantener a raya al gobierno. De manera que si Washington ha perdido el contacto con la gente, como cristianos tendríamos que trabajar fervientemente por reformar estos sistemas. La verdadera reforma puede incluso provenir de una comisión independiente como SAFE [Asegurar la economía futura de América], por la que ha abogado incansablemente el congresista Frank Wolf.

Hoy día, es posible que el *Tea Party Movement* tenga gran seguimiento en los Estados Unidos, pero no realiza ningún intento por presentar una filosofía gobernante. Simplemente busca una válvula de escape que sea comprensible para las inquietantes frustraciones de muchos estadounidenses. Pero las actitudes antigubernamentales no son el sustituto para un buen gobierno. Tendría que instruir a la gente que está enfurecida contra los excesos de Washington y el creciente malestar ético en el Capitolio, a concentrar su furia en arreglar al gobierno; sin arrojar las frutas frescas con las podridas.

Nosotros los cristianos tenemos que ser los mejores ciudadanos, orando por nuestros líderes y teniéndolos en gran estima, aun cuando estemos presionando para que se lleven a cabo reformas desesperadamente necesarias para que el gobierno representativo siga floreciendo. Sólo cuando canalizamos nuestras frustraciones en reformas constructivas, podemos esperar un gobierno que sea verdaderamente de la gente, por la gente y para la gente.

Hasta que no tengamos un gobierno semejante, continuaremos observando la guerra civil actual como dos facciones que luchan por alcanzar el control. Esta es la razón por la que estamos viendo una retórica tan histérica de la Izquierda que, con la pérdida de la Cámara de Diputados en 2010, teme estar perdiendo su poder, y el poder es lo único que importa. La Derecha es igualmente mala. Algunos líderes dicen ahora que los republicanos trataran de imponerle a todos su voluntad: una actitud repugnante al gobierno democrático.

¿CUÁL ES LA SOLUCIÓN?

Primero, los cristianos "rojos" (republicanos) tienen que extenderle la mano a los cristianos "azules" (demócratas) y viceversa. La ideología no debe dividir a los creyentes. Segundo, los cristianos no están buscando el poder político, de modo que nuestra intención no es la de "destruir" a los que percibimos como nuestros enemigos políticos. Tampoco nos ponemos en fila para recibir los botines de guerra, como si sólo fuéramos un grupo de intereses especiales más. En cambio, necesitamos contender con gracia (y demostrar) que la verdad cristiana sirve para ordenar correctamente nuestra vida, tanto individual como colectivamente, y manifestar nuestra dedicación al bien común haciendo las cosas que los cristianos saben hacer muy bien: crear familias sólidas, restaurar relaciones, ayudar a los pobres, luchar por los derechos humanos.

Los cristianos están en una posición única para llevar la gracia común a una nación profundamente dividida y ofrecer algo más que breves períodos de paz entre estallidos de combates mortales cada ciclo de elecciones. Al rechazar ideologías y colocar el bien común por encima de todo, le ofrecemos esperanzas a las facciones enfrentadas en Los Estados Unidos.

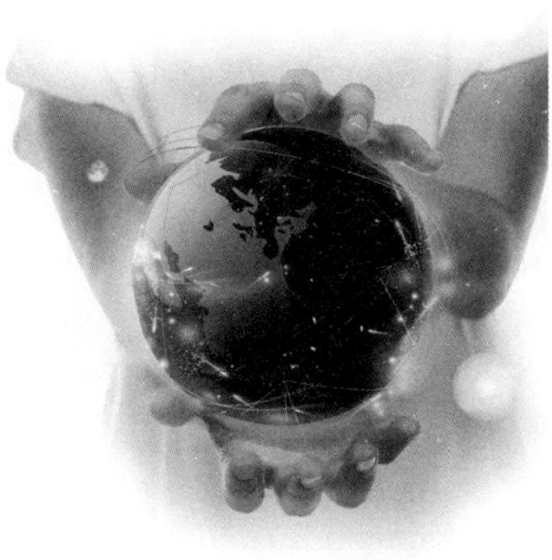

2
CÓMO CONFRONTAR EL POSMODERNISMO

A fines de los 90, hubo un clamor creciente para que expulsaran de la universidad a David Cash, un alumno de la Universidad de California en Berkeley[3]. La controversia sobre Cash surgió de un caso horrible ocurrido un año antes en el que un adolescente de California, Jeremy Strohmeyer, maltrató sexualmente y asesinó a una niña de siete años en un casino de Las Vegas. Cash observó lo que su amigo estaba haciendo, pero no lo detuvo y luego estuvo de acuerdo en quedarse callado. Strohmeyer se declaró culpable del ataque sexual y asesinato. Pero el no prevenir un crimen, no es un crimen en sí, de modo que Cash finalizó tranquilamente el colegio secundario y se fue a estudiar a Berkeley.

Después, permaneció desafiante; nunca se arrepintió. "¿No estabas horrorizado de que un amigo te dijera que había matado a una niña pequeña?" le preguntó el Los Angeles Times. Cash respondió: "Yo no me preocupo por la vida de los demás. Sólo me preocupo de la mía."

Este asesinato es un horrible ejemplo más de adolescentes y alumnos universitarios que matan a sangre fría, sin remordimiento ni cargo de conciencia. En los últimos años, varios niños en todo el país han entrado al patio del colegio y disparado a sus compañeros: en Arkansas, Kentucky, Mississippi, Pennsylvania y Minnesota. De hecho, desde la masacre en 1999 en Columbine, ocurrieron sesenta tiroteos en escuelas y universidades, dando como resultado

106 muertes. La mayoría de los perpetradores eran adolescentes o tenían veinte años. Los medios de noticias y autoridades han buscado explicaciones. Cuando ocurren dichos crímenes, el gobierno siempre anuncia que necesitamos controles más estrictos de armas de fuego, pero en casi todos los casos, las armas estaban registradas. Otras explicaciones que se ofrecen para los crímenes son la pobreza o la raza, pero casi todos estos chicos era de clase media y blancos.

Lo que asusta es precisamente cuán normales parecen. En Nueva Jersey, Amy Grossburg y su novio fueron a un cuarto de hotel, dieron nacimiento a su bebé y luego lo mataron. Otra adolescente, la "mamá del baile de egresados" dio nacimiento a su bebé en un baño público, lo tiró a la basura y luego regresó al baile. Estos eran adolescentes comunes y corrientes, excepto que asesinaron a sus bebés, violando así el instinto humano más fundamental.

Los reporteros han concebido las explicaciones más convencionales, excepto una. Ninguno tuvo la valentía de usar la temible palabra que comienza con una "m": moralidad. La verdad es que los estadounidenses están perdiendo el reconocimiento moral de la dignidad universal de la vida humana. Al igual que Cash, deshumanizan a sus víctimas. En la sentencia de Grossburg, el juez dijo que estaba muy preocupado por "un egocentrismo que los ha cegado… el valor intrínseco de la vida de un niño".

¿Dónde están los adultos que se supone que deben enseñar a estos chicos el valor intrínseco de la vida humana y otros absolutos morales? Con demasiada frecuencia, los adultos que solían dar una firme dirección moral, los padres, pastores, maestros, aceptan el mito de que tienen que refrenarse de enseñar a los chicos la diferencia entre el bien y el mal y, en cambio, creen que tienen que permitirles descubrir sus propios valores. Otros adultos están ocupados produciendo y vendiendo espectáculos que glorifican la violencia, enseñando a los chicos exactamente lo incorrecto. Strohmeyer le dijo a la policía que él había estrangulado a la pequeña niña torciéndole el cuello como lo había visto en las películas. Y no tenemos que ser demasiado inteligentes para darnos cuenta de que los jóvenes hoy imitan las costumbres sexuales que ven en las películas, la pantalla de TV y los videos de Internet. Estamos criando una generación de niños condicionados a desechar todos los absolutos morales.

Todo esto es suficiente para desalentarnos en cuanto a la civilización americana misma. Pero como cristianos, tenemos que resistir la tentación y, en cambio, convertir el fracaso social en una oportunidad para destacar la moralidad bíblica. Una estrategia de evangelización, enseñaba Francis Schaeffer, es la de presionar a la gente para que lleguen a las conclusiones lógicas de sus presuposiciones básicas: mostrar a la gente que sus suposiciones, si las viven consecuentemente, llevarían a consecuencias destructivas e inhumanas. Hoy día, la gente está empezando a reconocer las consecuencias destructoras del alma del posmodernismo, y ahora ha llegado el momento de empujarlos a ver la sabiduría de las verdades bíblicas.

Cuando los niños matan a niños, la gente ya no puede tolerar el caos creado por la autonomía moral. La factura del posmodernismo está alcanzando su fecha de vencimiento. O pagamos su precio sangriento o encontramos el camino de regreso a las verdades que hacen que sea posible la civilización.

LAS RAÍCES DEL CAOS MORAL

El desprecio por la moralidad absoluta que estamos observando hoy día no ocurre sin una causa. Un número de influencias sociales han contribuido para que nos alejemos del fuerte sentido de la verdad que solía caracterizar a esta nación. No es de menor importancia la naturaleza libre de valores de nuestro sistema educativo actual desde los grados primarios hasta la universidad.

Cuando David Cash regresó al colegio después de ser testigo del brutal acto de Strohmeyer, setenta y cinco ciudadanos enfurecidos se reunieron frente al dormitorio de Cash con altoparlantes gritando: "¡Expúlsenlo!"

Sin embargo, lo que la mayoría de la gente pasa por alto es que la actitud de Cash coincide precisamente con la filosofía posmodernista propagada por lugares como Berkeley. El núcleo del posmodernismo es un rechazo de las afirmaciones universales de la verdad y los principios morales. Y si no existen ideales universales que estén vinculados entre sí, entonces por lógica lo único que queda son "tribus": grupos de identidad basados en raza, etnicidad, género, orientación sexual, o lo que sea. En un programa de radio, Cash dijo lo siguiente sobre el asesinato: "Es un acontecimiento trágico, claro. Pero el simple hecho es que yo no la conocía a la niña. La única persona que yo conocía en ese evento era Jeremy Strohmeyer." Dicho con otras palabras, la víctima no era un miembro de su "tribu", de su grupo de identidad. Strohmeyer sí lo era. Por lo tanto, dedujo que su única obligación era con su amigo.

Esta orientación tribal es la razón por la que casi todas las universidades estatales hoy día tienen dormitorios separados para los estudiantes negros, asiáticos, hispanos, homosexuales, o cualquier otro grupo que exija una identidad separada. Nadie puede juzgar las acciones o creencias de otro grupo, porque no existe el reconocimiento de verdades máximas que todos tengan que cumplir. Estas ideas se filtran desde mundo académico para darle forma a nuestras actitudes morales.

¿Expulsar a Cash de Berkeley? No: conviértanlo en su afiche. La indiferencia moral de Cash es el resultado inevitable de la ideología que está hoy de moda en los recintos universitarios; sus acciones son una lógica posmodernista llevada a sus más grotescas conclusiones.

Hace unos pocos años presenté una conferencia en mi antigua universidad, la Universidad Brown, argumentando que si no reconocen la verdad moral, las universidades no pueden enseñar ética. Lo he venido diciendo desde fines de los ochenta, en todos los Estados Unidos y aún no me han podido contradecir con éxito. Cada vez que alguien afirma que su universidad enseña ética, le pido que me envíe el currículo, el cual, invariablemente, resulta ser puro pragmatismo, utilitarismo o asuntos sociales tales como la diversidad y el medio ambiente: cosas buenas, pero no ética.

La ética, de hecho, cualquier afirmación de verdad absoluta o moralidad, es anatema en las universidades contemporáneas, y la mentalidad se ha infiltrado incluso en los grados primarios de las escuelas públicas. ¿Cómo podemos esperar que nuestros niños se comporten moralmente y tengan un gran aprecio por la verdad cuando esos ideales han sido recortados de nuestras escuelas? Como dijo C. S. Lewis: "Nos reímos del honor y nos asombramos al encontrar traidores en medio de nosotros. Castramos a nuestros caballos y luego les pedimos que sean fructíferos."[4]

CUANDO CULPAMOS A LOS "GENES EGOÍSTAS"

Otra de las influencias destructivas de nuestro sentido de lo absoluto es el predominio de la evolución darwiniana en nuestras suposiciones básicas. Richard Dawkins, el extravagante biólogo inglés que nos dio la frase "genes egoístas", ofrece ahora una explicación genética para las debilidades sexuales de los líderes de nuestra nación, tales como los presidentes John F. Kennedy y Bill Clinton, el candidato a la vicepresidencia, John Edwards, el ex gobernador de Carolina del Sur, Mark Sanford, y el fallecido senador Ted Kennedy. Nuestros antepasados evolucionarios tenían harenes (como las focas), explica Dawkins, en vez de ser monógamos (como los gansos canadienses). Cualquier hombre que monopolice el poder y las riquezas también monopoliza a las mujeres, garantizando de esa manera la supervivencia de sus genes. La conducta de tantos de nuestros líderes es simplemente un vestigio fosilizado de nuestro pasado genético.

Bueno, la historia de cómo son las cosas acorde a Dawkins puede llevarnos a una que otra risita contenida. Pero el reducir la conducta humana a un asunto de genética es algo serio en estos días. La última tendencia es una versión actualizada de la sociobiología conocida como psicología evolutiva, la que busca explicaciones para la conducta humana en nuestros genes. La psicología evolutiva es popular porque promete llenar un vacío en la visión darwinista del mundo: la necesidad de una moralidad que funcione. Desde Darwin, muchos han reconocido que la evolución lleva al nihilismo moral. La psicología evolutiva afirma que al examinar nuestra historia evolutiva, podemos identificar qué conductas han sido seleccionadas por su valor de adaptación. Estas proporcionan las bases para una moralidad genuinamente científica.

¿Tiene éxito acaso esta nueva teoría en el rescate de la evolución del nihilismo moral? No. El primer problema es que podemos juzgar que cualquier conducta practicada en cualquier lugar tiene valor para la supervivencia, después de todo ha *sobrevivido*, incluyendo las conductas que todos consideran como inmorales.

En un artículo en el *New York Times*, Steven Pinker, quien ha popularizado la ciencia telegénica, nos insta a "comprender" a las jóvenes adolescentes que matan a sus hijos recién nacidos, argumentando que "el circuito emocional de las madres ha evolucionado" por selección natural y que, por lo tanto, incluye "la capacidad de matar al recién nacido". El infanticidio forma parte intrínseca de nuestro "diseño biológico", y no podemos culpar a la gente por llevarlo a cabo.

El gran choque de la psicología evolutiva con los valores absolutos se encuentra en su determinismo genético. Afirma que la moralidad básica en los genes gobierna nuestra conducta, liberándonos de toda responsabilidad moral por nuestras elecciones y acciones. Si los genes realmente hacen esto, entonces las opciones morales son una mera ilusión. En *The Moral Animal* [El animal moral], Robert Wright dedica cientos de páginas para denunciar la libertad como una ilusión y describe a los seres humanos como "robots", "máquinas" y "títeres" de sus propios genes. Luego da un giro de 180 grados, argumentando que tenemos la libertad de elegir ideales morales opuestos a los "valores" de la selección natural.

Contradicciones fatales como estas destruyen todo esfuerzo por derivar moralidad de la biología, y los cristianos tenemos que insistir sobre este punto en las aulas de clase y salas de estar. Sin embargo, a pesar de estas contradicciones, se le sirve psicología evolutiva a un público ansioso por medio de artículos en revistas y periódicos. En una era perseguida por una moralidad en declive y por decadencia social, ella ofrece la promesa de una moral reforzada por la certidumbre de la ciencia, así como un escape de la responsabilidad moral.

No se equivoquen. El objetivo de la psicología evolutiva es absolutamente radical: reemplazar la moralidad religiosa tradicional con una nueva moralidad científica. La estrategia es la de desprestigiar la moralidad tradicional reduciéndola a intereses genéticos propios. Wright es típico: él desenmascara todos los "pensamientos y sentimientos", todos los "valores morales", como "artimañas de los genes". Incluso las enseñanzas de Jesús no son nada más que ideologías al servicio de sus "arraigados intereses evolutivos". La psicología evolutiva propone basar la moralidad francamente en "genes egoístas".

Algunos cristianos estaban dispuestos a hacer las paces con el darwinismo, siempre y cuando se limitara a la biología. Pero la psicología evolutiva demuestra que hay un imperialismo inexpugnable en el darwinismo: una compulsión a reducir toda la sociedad a mecanismos materiales. Así como la teoría darwinista en la biología apunta a reemplazar el diseño divino con procesos naturales, así en la ética, apunta a reemplazar la moralidad revelada con una moralidad naturalista. El sociólogo Howard Kaye observa que la psicología evolutiva no es nada más que una teología natural secularizada: un intento de usar la naturaleza para justificar una visión secular del mundo libre de absolutos morales.

En sus clases de 1898 en Princeton, el estadista holandés Abraham Kuyper argumentó que los cristianos no están en contra de las teorías individuales, sino de las visiones exhaustivas del mundo. La única defensa segura es la de formular el cristianismo como una cosmovisión igualmente exhaustiva. Sólo entonces podrán las historias genéticas quedar relegadas a los libros de cuentos, donde pertenecen.

PUBLICIDAD LOCA

Otra influencia subversora de la moralidad absoluta es la publicidad contemporánea. Los avisos publicitarios son indicadores culturales. Los anunciantes invierten fortunas en estudios para sondear nuestras mentes para poder así ofrecer sus productos a nuestros anhelos más profundos. Han aprendido que es provechoso explotar el creciente hambre espiritual de los americanos.

En este conocido anuncio publicitario de hace unos años no faltan los matices religiosos: con una inundación que amenaza arrasar la casa de un familia, el padre grita pidiendo auxilio. Y vean, se abren los cielos y desciende una enorme mano que rescata a la familia del desastre. La compañía, por supuesto, es la compañía de seguros Allstate. Uno casi espera que la familia eleve una oración: "Te agradecemos, Allstate, por tu ayuda en los momentos difíciles."

Desde la Caída, la necesidad de salvación ha quedado impresa en el alma humana. Irónicamente, en los Estados Unidos actuales, los anunciantes parecen estar más sintonizados con esa necesidad que nuestros líderes espirituales, y parecen estar más dispuestos a explotarla.

Este no es un accidente: la secuencia espiritual de pecado, culpa-redención, se transpone a la secuencia psicológica de problemas: ansiedad-resolución. Vemos un hombre o mujer en problemas: él está resfriado; ella tiene manchas en la ropa. Una segunda figura aparece en la pantalla ofreciéndoles alivio. Esta persona da testimonio del poder del producto presentado. Prueban el producto y, aleluya, se resuelve el problema. Por último, la voz incorpórea de un anunciador masculino —como una voz desde lo alto— insiste sobre las ventajas del producto. El encanto de la religión y la publicidad es el mismo, dice el sociólogo James Twitchell. Ambas nos aseguran: "Seremos rescatados."

El objetivo de la publicidad, escribe el novelista John Updike, es "persuadirnos de que una cierta cerveza o chocolate, o compañía de seguros, o conglomerado petrolero son, como el Cristo crucificado… la entrada a la buena vida". En otras palabras, la publicidad moderna nos vende algo más que un producto. Los anuncios publicitarios hoy día nos ofrecen una solución material para nuestros anhelos espirituales.

Hay otro paso en el proceso de subvertir el concepto cristiano de lo absoluto. Nuestras carencias inmediatas y personales se convierten en necesidades existenciales, y como necesidades superan al máximo cualquier concepto restrictivo del bien o del mal. Yo tengo el derecho de satisfacer mis necesidades más profundas de la manera que me resulte más conveniente. La publicidad nos dice que nuestras carencias materiales inmediatas no tendrían que ser frustradas, porque, después de todo, ellas son la fácil respuesta disponible para nuestros deseos más profundos. Lo absoluto se ve reemplazado por lo inmediato.

Por supuesto, los avisos comerciales han siempre vendido más que productos. Hace algunos años, Saab lanzó su campaña de "Encuentra tu propio camino" donde aparecían personajes que soñaban con nunca tener que volver a rasurarse, dejar el trabajo, "desafiar toda convención" y partir manejando hacia la puesta del sol. En otras palabras, Saab no estaba vendiendo únicamente automóviles, sino que estaba vendiendo una filosofía: el tema de la autonomía, de quebrantar las reglas, de rebelarse contra las restricciones de la sociedad civilizada.

Cuando un anuncio presenta un hombre de negocios elegantemente vestido, está vendiendo una imagen de éxito. Cuando un anuncio presenta una modelo sensual, ya sabemos todos qué es lo que está vendiendo. Pero es profundamente preocupante ver a la religión reducida a un elemento más para manipular los intereses adquisitivos de los televidentes. Cuando nuestros niños tararean el jingle pegadizo del último aviso publicitario, ¿les están desviando su impulso espiritual en dirección al consumismo? ¿Están ellos absorbiendo los falsos valores de la avenida Madison, que es la meca del mundo publicitario?

Tenemos que recordar que ninguna parte de nuestra cultura posmoderna es religiosamente neutral, ninguna parte está libre de la necesidad de una crítica cristiana informada. Los avisos publicitarios prestan un servicio cuando transmiten información sobre un producto de una manera creativa. Pero los avisos actuales suelen hacer mucho más que eso: explotan nuestros anhelos más profundos, venden falsas filosofías, consienten la autoindulgencia. Y anulan nuestro sentido de los absolutos morales.

EL FIN DEL POSMODERNISMO

Aún con toda esta ciencia persuasiva y publicidad subversiva que domina nuestra sociedad, hay señales de que el posmodernismo está perdiendo fuerza. Según la encuesta Gallup de 2010, los niños no están heredando las actitudes de sus padres a favor del aborto. En cambio, están reflejando tendencias nacionales que muestran que entre los jóvenes que tienen entre dieciocho y veintinueve años de edad, el respaldo por el aborto legalizado cayó de un 28 por ciento en el 2000 a un 24 por ciento en el 2010. Esta cifra contrasta agudamente con la de 1975, cuando sólo un 18 por ciento de los jóvenes adultos decía que el aborto tendría que ser ilegal[5]. Claramente, esta generación, habiendo observado el terrible legado del aborto, no está aceptando los alegatos a favor del aborto.

En años recientes, los estadounidenses han comenzado a tolerar cada vez más los derechos de los homosexuales. Pero tras la decisión Lawrence de 2003 de la Corte Suprema, que muchos creen que abrió el camino para que el así llamado "matrimonio gay" se convirtiera en el tema del día, el apoyo a las causas gay ha caído bruscamente. ¿Por qué? Porque mientras que estaba de moda considerarnos tolerantes, la decisión Lawrence nos catapultó de regreso a la realidad: a darnos cuenta de cuán destructivo sería anular la definición del matrimonio como una unión entre un hombre y una mujer.

Las soccer moms [frase para describir mamás de clase media suburbana dedicadas a llevar a sus hijos a diversas actividades deportivas], que son un sector electoral que se preocupa por los derechos del aborto, los buenos colegios y las libertades civiles, han pasado a llamarse security moms [mamás de la seguridad], porque estos días ellas se preocupan principalmente de la seguridad de sus hijos. La revista Times citó a una madre que dijo que ella elige normalmente candidatos políticos que apoyan fuertemente el bienestar social y el aborto. Pero desde el once de septiembre, ella dijo: "Lo único que deseo en un presidente es que sea una persona que tiene fortaleza."

El eminente teólogo Michael Novak dijo que el 11 de septiembre marcó el comienzo del fin de la preponderancia posmoderna. Ese día, la gente comenzó a darse cuenta de que las presuposiciones posmodernas simplemente no funcionan. ¿Y cuáles son esas presuposiciones? Que no hay absolutos: no hay moralidad absoluta, ni tampoco verdad absoluta. Todas las afirmaciones sobre la moralidad o la verdad son sólo preferencias morales, y afirmar que son absolutas es sólo un intento de imponer nuestras preferencias a los demás antes de que ellos nos impongan las suyas.

Pero luego vino el 11 de septiembre, el día en que los terroristas nos impusieron *sus* preferencias, matando a 3.000 personas inocentes. Si nuestra visión del mundo es cierta, tiene que ajustarse a la realidad: a las experiencias de la vida real. Después del 11 de septiembre, pocos estadounidenses podían seguir creyendo que no había tal cosa como una verdad moral, que no existía tal cosa como el bien y el mal.

ALGUNAS PALABRAS A LOS POSMODERNOS

Estas señales alentadoras, que los norteamericanos están reconociendo la poca solidez de las presuposiciones del posmodernismo, ofrecen una gran oportunidad. Pienso que la gente hoy día puede ser atraída a un sistema de creencias que sea racional y defendible. La pregunta es, ¿quién o qué llenará el vacío si se derrumba el posmodernismo?

El cristianismo ofrece un sistema de creencias que es, como le dice Pablo a Festo, es "cierto y sensato". No creo que haya existido un momento más crítico que este para que los pastores, eruditos y laicos se apoyen en una visión bíblica del mundo y que la defiendan claramente frente a los que anhelan la verdad.

Pero, ¿estamos preparados para tal desafío? Una gira de George Barna por las iglesias norteamericanas lo llevó a la conclusión desalentadora de que la mayoría de las iglesias y líderes laicos, un 90 por ciento, según una de las encuestas, no entienden qué es una cosmovisión. ¿Cómo podemos contender con filosofías opuestas si ni siquiera estamos arraigados a nuestro propio sistema de la verdad?

Irónicamente, así como parece que hubiera señales alentadoras en la cultura, también hay señales de que la iglesia está decayendo, trasladándose de un mensaje impulsado por la verdad a un mensaje impulsado por imágenes y emociones (noten cuántas estaciones de radio cristianas que solían transmitir charlas y sermones, ahora transmiten únicamente música).

Sería una suprema ironía, y una terrible tragedia, si nos encontráramos deslizándonos hacia el posmodernismo justo cuando la cultura en general se ha percatado de que es un callejón sin salida. Sin embargo, eso es exactamente lo que está ocurriendo. "No luchen contra el posmodernismo", exhortaba un orador, un teólogo popular, a una gran multitud de educadores cristianos. "Saquen ventaja de él. Expresen experiencia por encima de la razón; imágenes por encima de las palabras."

Pero ese hombre está terriblemente equivocado. Tenemos que luchar contra el posmodernismo. No sólo ha rechazado a Dios y la razón, sino también a la idea misma de verdades universalmente válidas. Enseña que los individuos están encerrados en las limitadas perspectivas de su propia raza, sexo o grupo étnico; el derecho a una verdad moral es visto como algo que nos oprime. Por lo tanto, el posmodernismo ha alterado radicalmente la manera en que muchas personas de esta generación piensan sobre las suposiciones más básicas de la vida.

Es cierto que a medida que los posmodernos comienzan a llenar los bancos de iglesia, tenemos un problema de comunicación. Para los que piensan de manera tradicional es cada vez más difícil comunicar la visión bíblica de la vida, o incluso presentar el evangelio. Cuando hablamos de la verdad, con el significado de absolutos obligatorios, nuestros semejantes posmodernistas sólo escuchan una opinión más entre muchas. La historia bíblica, que nosotros presentamos como revelación divina, es percibida como una entre muchas otras narraciones culturales igualmente válidas.

Esto hace que las propuestas morales sean cada vez más problemáticas para los oyentes posmodernos. Por ejemplo, ¿cómo podemos argumentar a favor del "bien común" mientras que los posmodernistas no creen en el bien común y buscan, en cambio, como lo dice el filósofo John Gray, simplemente "reconciliar bondades en conflicto"?

Carecemos un lenguaje común para el discurso moral. Cuando usamos el término *libertad*, por ejemplo, queremos decir la definición clásica, famosamente expresada por Benjamín Franklin: el derecho a hacer lo correcto. Nuestros Fundadores asociaban la libertad, el objetivo político más alto, con la verdad moral. Pero cuando los que visitan por primera vez nuestras iglesias escuchan la palabra *libertad*, piensan que la definición es "el derecho sin restricciones a hacer lo que uno quiere". No se dan cuenta de que los absolutos morales son nuestra única garantía de libertad. Si las verdades morales trascendentes no superan nuestras preferencias individuales, los derechos humanos se van a pique.

Lo que estamos observando es el cumplimiento de la formulación de Nietzsche: los "lenguajes del bien y del mal" no tienen sus raíces ni en la verdad ni en la razón, sino en la voluntad de poder. El vacío del posmodernismo significa que el que está en el poder decide el bien y el mal. Aparentemente, esas son malas noticias tanto para los cristianos como para la libertad que exigen los posmodernos.

Por lo tanto, ¿cómo atraemos a la mente posmoderna?

Algunos cristianos, como ese conferencista, piensan que tendríamos que unirnos al énfasis en la experiencia del grupo posmoderno. Un pastor me dijo que hace diez años atrás, él podía sostener una discusión sobre la verdad moral con los no creyentes, mientras que "hoy día, sólo me conecto en base al dolor y la compasión". Pero el conectarnos únicamente al nivel de los sentimientos es un punto débil para la evangelización. Algunos pueden "sentirse" bien con respecto al cristianismo hasta que, de pronto, esos sentimientos cambian. E incluso las personas que se sienten atraídas a Cristo existencialmente no tienen contexto alguno en el cual entender esas creencias o las enseñanzas morales de la iglesia. Es significativo que una encuesta reciente de Barna reveló que la base más común para la toma de decisiones morales entre los cristianos era el "hacer lo que sentimos que está bien" en cualquier situación dada. Tristemente, esta es la razón por la cual los cristianos y no cristianos tienen el mismo índice de divorcios.

Tenemos que confrontar, y no acomodar, el posmodernismo. Tenemos que desafiar sus presuposiciones falsas, explicar con amor que existe una verdad y que es posible conocerla.

Para alcanzar a la cultura actual, los seminaristas, pastores y laicos, al igual que los misioneros extranjeros, tienen que aprender a traducir para los posmodernos. Por ejemplo, si decimos: "La verdad los hará libres", eso significa una cosa para nosotros: que la verdad, que es Cristo, nos libera del pecado y la muerte. Pero para el oído posmoderno, significa "mi preferencia" me hará libre: el hacer lo que yo quiero. Sin traducción, esto se convierte en una invitación a una gracia barata en extremo.

El conferencista estaba equivocado. Nosotros no nos atrevemos a abrazar el posmodernismo. El evangelio no es un asunto de sentimientos tranquilizadores y experiencias gratificantes (aunque puede producir ambos). Es la Verdad por la que los posmodernistas pueden jugarse la vida.

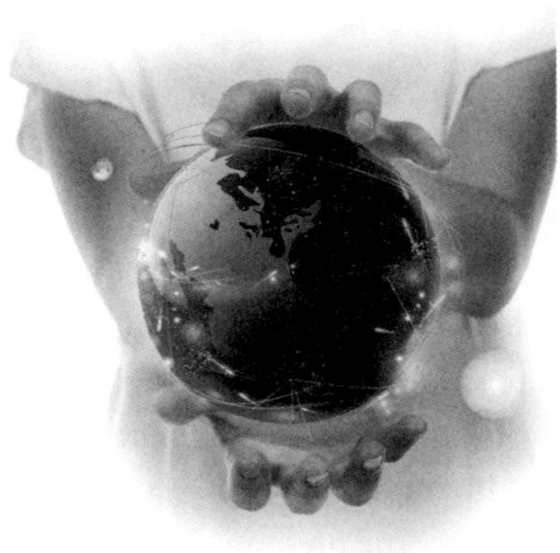

3
CÓMO TRAER SENSATEZ A LA CONFUSIÓN MORAL

Son pocos los que argumentarían que ha habido un importante cambio en la manera de pensar de los norteamericanos sobre la verdad moral[6]. Ese cambio se tornó aparente después de tres incidentes que hemos presenciado en las últimas dos décadas. Desde entonces han ocurrido incidentes similares o quizás peores, pero yo marco estos tres como hitos que marcan el cambio de actitud en los Estados Unidos en lo que respecta a la verdad moral. Estos incidentes no fueron los que ocasionaron el cambio, pero sí revelaron en términos difíciles de ignorar que ese cambio había tenido lugar.

El primer incidente fueron las aventuras sexuales en el despacho del presidente Clinton a fines de los 90. Los escándalos de Clinton nos enseñaron mucho más acerca de nosotros mismos que acerca del presidente Clinton. Fue como si Los Estados Unidos se hubiera despertado una mañana y hubiera visto una cara diferente en el espejo —como Dorian Gray mirando su retrato— y se hubiera dado cuenta de repente de que su propio carácter había cambiado drásticamente.

Una cosa quedó en claro: estos no eran los Estados Unidos que habíamos pensado que eran. Los valores que históricamente moldearon la conciencia moral de nuestro país se habían hecho añicos. Dos tercios de los americanos decían que el principal encargado de hacer cumplir las leyes en nuestro país había jurado en falso. ¿Y qué? Sólo estaba encubriendo una relación sexual.

Los que decían estas cosas eran los baby boomers [personas nacidas entre la segunda guerra mundial y el comienzo de la era espacial] que habían crecido durante la revolución sexual, la que enseñaba "que el sexo está en el centro mismo de nuestra identidad y que la autoexpresión sexual es crítica para la autenticidad personal", según Katherine Kersten del Center of the American Experiment [Centro del Experimento Americano]. "Sugerir que el sexo tiene un componente moral, hacer juicios de valor, es entorpecer la tarea central de la vida de una "autorrealización" sin restricciones."

El segundo incidente que expuso el cambio de nuestro océano moral fue el escandaloso derrumbe de la compañía Enron a fines de 2001, ocasionado por las prácticas de contabilidad inescrupulosas que les costaron miles de millones de dólares a inocentes inversores. Aun antes de que pasara la tormenta de la erupción de Enron, la mayor bancarrota en la historia de los Estados Unidos, los reguladores, legisladores y abogados querellantes estaban buscando entre los escombros una explicación para semejante derrumbe ético. ¿Cómo es posible que los auditores hubieran sido tan negligentes? ¿No había manera alguna de prevenir esto en el futuro? ¿Qué nuevas medidas eran necesarias?

Estas eran preguntas importantes. Pero las preguntas más cruciales eran las que los observadores seculares no querían preguntar: ¿Había sido Enron sólo un síntoma de algo que andaba terriblemente mal en nuestra sociedad? ¿Había socavado el posmodernismo carente de valores, que era el fruto del secularismo moderno, la base moral esencial para un capitalismo democrático?

El tercer ejemplo de nuestro bajón ético fue la exposición en 2005 del ex subdirector de la FBI Mark Felt, la fuente secreta para los periodistas. Esta revelación revivió el drama político de 1970 de Watergate: se habían producido películas, publicado libros y habían vuelto a analizar a Watergate en programas de entrevistas.

Como uno de los pocos sobrevivientes de Watergate, yo aparecí en docenas de programas. ¿Es Mark Felt un héroe?, me preguntaban todo el tiempo. Mi respuesta era enfáticamente: No. Él quebrantó la ley para perseguir (presumiblemente) su noble objetivo de tirar abajo una administración corrupta. Pero la pregunta que tendríamos que preguntarnos acerca de Mark Felt era si él no tenía ningún otro recurso más que quebrantar la ley. La respuesta es claramente que no. Él no necesitaba hacerlo: en vez de andar a escondidas pasando información altamente clasificada de la FBI a los reporteros, podría haber encarado al presidente o, si el presidente se rehusaba a escucharlo, podría haber ido al Congreso o podría haber dado una conferencia de prensa. (Los que me acusan de volver a escribir la historia, los que dicen que Felt no podría haber encarado al presidente, se olvidan de que yo trabajé en el sanctasanctórum de la Casa Blanca. Yo sé que si Felt hubiera hablado, Nixon habría tenido que enderezar todo el embrollo o ver la caída de su presidencia un año antes.)

Después de las entrevistas, yo recibí una avalancha de cartas de personas enfurecidas. Por supuesto que Felt era un héroe, insistían mis corresponsales, como así también todos menos uno de los que me entrevistaban por televisión. En el apuro por canonizar a Felt, nadie se preguntó si él había hecho lo correcto. ¿Fueron los medios justificados por el fin?

Yo entiendo que Felt deseaba detener a Watergate. En mi libro, The Good Life [La buena vida], confieso que yo tendría que haber actuado para detener el avance del escándalo. Una noche en la que, en mi presencia, Nixon le ordenó a H. R. (Bob) Haldeman que formara un equipo para sustracciones, yo tendría que haber dicho: "No, Sr. Presidente, usted no puede hacer eso." Pero mi razonamiento era que estábamos en guerra, que compañeros míos de la infantería de marina estaban combatiendo, y que la Guerra Fría dependía de ello. Era posible que el presidente tuviera que tomar medidas extremas.

Ahora me doy cuenta de que nosotros los humanos tenemos una capacidad infinita para la autojustificación: "Nada hay tan engañoso como el corazón." De modo que sabiendo lo que era correcto, hice lo incorrecto y justifiqué mis acciones. Utilicé medios incorrectos para lograr lo que percibí como buenos fines y fui sentenciado a prisión (irónicamente, por darle un solo expediente de la FBI a un reportero).

Hoy día estoy menos preocupado de cómo se juzga la historia a Felt o Nixon (o a mí) que del mensaje que le fue enviado a esta generación mediante la reacción general a la moralidad del acto de Felt. Si les enseñamos que el fin justifica los medios, casi todo lo ocurrido hasta el Holocausto, incluyéndolo a él, puede ser justificado. Como con todo principio, hay excepciones, por supuesto, como cuando Corrie ten Boom les mintió a los soldados alemanes sobre los judíos que estaban ocultos. Churchill dijo que algunas veces la verdad es tan preciosa que tiene que estar acompañada por un guardaespaldas de mentiras. En épocas de guerra, quizás no haya otra opción.

Me temo que lo que la reacción pública a la exposición de Mark Felt revela es el avivamiento de la filosofía maquiavélica: la idea de que uno puede hacer lo que sea necesario para alcanzar sus objetivos. En sólo tres décadas hemos borrado la lección moral más importante de ese escándalo, de que nadie está por encima de la ley, y la hemos reemplazado con la lección maquiavélica de que todo vale.

LA ABDICACIÓN A LA RESPONSABILIDAD MORAL

Como lo demuestran estos tres incidentes, en alguna parte del camino nuestra nación sucumbió a los estragos del relativismo y perdió su adherencia a la verdad moral absoluta que preponderó durante los primeros doscientos años de nuestra república. No podemos decir que no fuimos alertados. A principios de los noventa, el teólogo Michael Novak argumentó que la democracia liberal del occidente es como un taburete de tres patas. La libertad política es la primera pata, la libertad económica es la segunda y la responsabilidad moral es la tercera. Si se debilita cualquiera de las tres patas, el taburete se cae.

La reacción pública a la frivolidad y las mentiras del presidente Clinton, el derrumbe de Enron y la táctica de Mark Felt para evadir la ley expusieron una tercera pata en estado de deterioro. Si estos incidentes los hubieran cometido rufianes o personas oscuras, no habríamos podido señalarlos como evidencia. Pero no lo fueron. Fueron cometidos por personas bien educadas en cargos altamente visibles y de mucha responsabilidad. Enron, por ejemplo, no era ninguna compañía sórdida y fraudulenta. Por el contrario, allí se encontraban los mejores y más brillantes pilares de la comunidad. El presidente de Enron, Kenneth Lay, se jactaba de sólo contratar a graduados de las mejores universidades, tales como Harvard y Wharton.

Pero esto no debería sorprendernos. A fines de los ochenta, yo argumentaba con algo de impertinencia que Harvard no podía enseñar ética porque estaba dedicada al relativismo filosófico. Los miembros del consejo de administración de Harvard me invitaron a dar una conferencia en la facultad de ciencias empresariales, que yo denominé de modo provocador: "Por qué Harvard no puede enseñar ética." Después de mi charla de cuarenta y cinco minutos en un salón de conferencias colmado de gente, yo esperaba un alboroto. Pero los estudiantes estaban calmos; no escuché ni una sola buena pregunta. ¿Acaso los estudiantes desconocían a tal punto la filosofía moral que no sabían lo suficiente como para desafiarme?

Me fui de Harvard preocupado. ¿Qué les ocurriría a esos estudiantes cuando se convirtieran en líderes de empresas de los Estados Unidos? La respuesta llegó apenas pasada una década: uno de los estudiantes de Harvard durante ese período era Jeffrey Skilling, el ahora desacreditado ex CEO de Enron. El derrumbe de Enron expuso una vez más el evidente fracaso de la academia. La ética descansa históricamente en la verdad absoluta, la que ha sido sistemáticamente atacada durante cuatro décadas por nuestras instituciones educativas.

LA CONFUSIÓN MORAL EN NUESTROS TRIBUNALES

La decadencia de los absolutos morales y éticos de nuestra nación se torna aún más alarmante cuando nos damos cuenta de que está ocurriendo incluso en nuestros tribunales de justicia. Si esperamos protección de la secuela de erosión ética de nuestros jueces y magistrados, tal vez nos sintamos defraudados. Muchos cristianos no se han dado cuenta, pero la idea de que la ley civil tendría que basarse en una ley moral ha perdido terreno en ambos lados de la línea divisoria ideológica.

Para ilustrar el punto, un juez de la Corte Suprema dijo recientemente: "Si la gente quiere abortos, el estado tendría que permitir el aborto en una democracia." ¿Les suena como uno de nuestros jueces liberales? No es así: fue el jurista conservador Antonin Scalia. Los comentarios de Scalia fueron hechos durante una charla no publicada en la Universidad Gregorian donde argumentó que no cabe que la ley moral formule opiniones judiciales. En una democracia, gobierna la mayoría, dijo Scalia, "y pierde la minoría, excepto en la medida que la mayoría... esté de acuerdo en otorgarle derechos a la minoría".

¿Es esto teoría legal conservadora? No lo creo. Es mayoritarianismo puro. Scalia cree en una ley superior, una ley natural, pero insiste que la gente tiene que introducir la moralidad en la ley civil mediante la legislatura. Los jueces meramente interpretan el texto, sin consultar la moralidad, la tradición o incluso, la intención legislativa.

Entre los jueces liberales, la legislación moralmente arraigada siempre ha sido un blanco favorito. Por ejemplo, en *Edwards versus Aguillard* (1997), el juez rechazó un estatuto que requería un tratamiento equilibrado de la evolución y la creación, a pesar de las afirmaciones de los que apoyaban el estatuto que decían que este alcanzaba un propósito secular (la libertad académica). El juez William Brennan notó el "paralelo" entre la enseñanza bíblica y la creación y denunció el propósito secular propuesto como una "farsa". ¿Qué debemos deducir de esto? ¿Es inválida cualquier ley que sea análoga a la enseñanza bíblica, sin que importe cuán socialmente beneficiosa sea?

En *Lee versus Weismann* (1992), el juez Anthony Kennedy dijo que es impermisible no sólo que la religión informe la ley, sino además cualquier "ética y moralidad que trascienda la invención humana". En *Romer versus Evans* (1996), el juez Kennedy decretó que una ley que bloqueaba los derechos civiles especiales para orientación sexual implicaba un "animus" u hostilidad contra los homosexuales. En breve, una ley informada por una moralidad religiosa o trascendente no representa una convicción de principios sino un horrible prejuicio, y tiene que ser revocada.

Estos casos representan un llamativo alejamiento de toda la historia de la civilización occidental. Desde los griegos antiguos, todos entendían que la ley era una codificación de la tradición moral de un pueblo que descansaba en última instancia en la ley divina. La ley común inglesa, que hemos heredado, refleja esa creencia: "La ley de la naturaleza dictada por Dios mismo es obligatoria en todos los países y en todas las épocas," escribió el magnífico jurista inglés William Blackstone.

Pero ahora se está abandonando esta gran tradición. Y los cristianos están atrapados en las fauces de una tenaza: por un lado, los conservadores como el juez Scalia dicen que los tribunales no pueden consultar la moralidad, que es tarea de la gente la de codificar la moralidad en la ley mediante la legislación. Por otra parte, los liberales como el juez Kennedy dicen que la moralidad cristiana no tendría que estar codificada en la ley porque no es nada más que prejuicios, y el juez Brennan denunció los esfuerzos cristianos de formar un orden social justo llamándolo una "farsa".

Por mucho que me agradaría pensar que puedo confiar en que las tradiciones y la sabiduría de nuestro sistema judicial suministrará una protección contra la creciente confusión moral de nuestros días, es cada vez más aparente que incluso nuestros tribunales están ahora infectados con la enfermedad.

ABASTECEDORES DE INMORALIDAD

La confusión moral de los Estados Unidos está demostrada aún más en la hipocresía de nuestros esfuerzos por exportar libertad a otras naciones. Una meta vital de la guerra en Irak, y la guerra en contra del terrorismo, es la de traer democracia al corazón del mundo islámico. Nuestra esperanza es la de hacer que la libertad sea tan atractiva que otros países musulmanes vayan tras de ella. Pero cuando los islámicos radicales ven que las mujeres norteamericanas abusan a hombres musulmanes, como lo hicieron en la prisión de Abu Ghraib, y cuando ven en las noticias que parejas del mismo sexo contraen "matrimonio" en las ciudades de los Estados Unidos, nuestra clase de libertad se torna en algo aborrecible: algo que ellos ven como una mancha en la creación de Alá.

Como editor administrativo de *Christianity Today,* Mark Galli escribió poco tiempo después del 11 de septiembre que los militantes islámicos estaban enojados con el occidente por exportar "hedonismo y materialismo a sus propios hogares mediante la televisión, atrayendo a los musulmanes a ser religiosamente perezosos y moralmente corruptos". Galli citó un comunicado de 1985 del grupo terrorista Hezbolá: "Nuestros métodos son un combate radical contra la depravación, y los Estados Unidos son la raíz original de la depravación."

La ira contra la decadencia del occidente fomentó los escritos del radical Sayyid Qutb, quien influyó mucho a Osama bin Laden. Esta gente no se veía como terroristas, sino como guerreros santos que peleaban una guerra santa contra la decadencia. Cuando toleramos la basura en la televisión, cuando permitimos que la pornografía invada nuestros hogares a través del Internet y cuando permitimos que se mate a los bebés a punto de nacer, estamos enardeciendo al Islam radical y estamos destruyendo toda posibilidad de que ellos se abran a nuestros intentos de exportar democracia. Ellos saben muy bien lo que estamos exportando: corrupción moral. Tristemente, parece que nuestros adversarios entienden mejor que nosotros la verdad acerca de nosotros.

CÓMO RESTAURAR LA SANIDAD MORAL

¿Se ha perdido toda esperanza para los Estados Unidos? ¿Hemos ya avanzado tanto en el camino hacia la confusión moral que nuestro ímpetu nos hace caer en el caos y el olvido? No tiene que ser de esa manera. Así como Dios hubiera salvado a Sodoma y Gomorra por el bien de diez hombres justos, yo creo que nosotros podemos sanar y salvar a los Estados Unidos si los cristianos comienzan a vivir su llamado de manera activa. Yo veo tres cosas que los cristianos pueden hacer para cambiar el rumbo.

Lo primero es encarar la urgente necesidad de nuestros legisladores y jueces de aprobar e interpretar las leyes estatales y nacionales de acuerdo con la ley natural. El desafío es entender que las fuerzas del posmodernismo han envalentonado a los que son hostiles a cualquier influencia moral de la ley. A los cristianos les ha llegado el momento de no sólo concentrarse en los asuntos individuales de la política pública, sino también de revivir una filosofía global de la ley que articule el rol de la verdad religiosa y moral en el ámbito público.

San Agustín y Tomás Aquino postulaban que la ley es la codificación del consenso moral de la gente informada por la revelación. Durante siglos, este convencimiento prevaleció en el occidente, inspirando respeto por la ley. Blackstone escribió: "Esta ley de la naturaleza [está] dictada por Dios mismo… ninguna ley contraria a esto tiene validez." Esta es una opinión a la que le hace eco Martin Luther King Jr. en su "Carta desde una cárcel de Birmingham".

En las democracias occidentales, la gente, a través de sus representantes, pueden asegurarse de que la ley refleje sus tradiciones morales. Pero como hemos notado, los tribunales actuales han atacado cada vez más aquellas visiones del bien común que se basan en la moral. El gobierno (por lo general en la persona de los tribunales de activistas) ve hoy que su rol es el de proteger a la gente de toda "imposición" de la verdad moral. Pero la ley apartada de sus amarras morales se convierte en una tiranía.

Los cristianos podrían detener esta tendencia si se esmeraran en instigar un debate nacional sano. El debate constante puede sensibilizar al presidente y los gobernadores acerca de la necesidad de nombrar jueces que *interpreten* y no *compongan* leyes. Y los jueces le prestan atención a la opinión pública. Conscientes de los manifestantes discapacitados que protestaban en sus escalinatas en 1997, los Tribunales se alejaron del precipicio y afirmaron la prohibición estatal de Washington del suicidio asistido. La presidencia imperial fue derrocada en los 70 por grupos de gente que marcharon por las calles de Washington protestando contra Vietnam y Watergate. Para destronar a los jueces imperiales es necesario, si no las marchas públicas, al menos una indignación similar.

Si no actuamos ahora, veremos la caída de nuestro orden constitucional, mientras que se nos empuja más y más hacia los márgenes, preguntándonos por qué nos sentimos extraños en nuestra propia tierra.

Segundo, los cristianos tienen que competir por la visión bíblica del mundo en el mercado económico. Si examinamos las raíces del mercado libre en el occidente, vemos la profunda influencia de la revelación judeo-cristiana. Las escrituras respaldan conceptos tales como la propiedad privada, los derechos de contrato, el imperio de la ley y la liquidación de las deudas: todos ellos elementos esenciales para los mercados libres. La Biblia exige también justicia, advirtiendo del juicio de Dios contra los opresores que retienen los salarios o sacan ventaja de los pobres. Ella condena a los que manipulan la economía, ya sea por codicia, acaparamiento, indolencia o engaño. El mandamiento de permitir la rebusca, permitiendo que los pobres recojan cosechas en los límites de las granjas, nos demuestra cómo funciona un sistema bíblico de asistencia social. El sistema bíblico, dicho en pocas palabras, equilibra la adquisición de riquezas con la exigencia de justicia y compasión y requiere que la gente subordine sus intereses personales a las exigencias morales.

A lo largo de los siglos, los cristianos han luchado por hacer exactamente esto, oponiéndose a la explotación de los trabajadores por parte de los poderosos y aportando justicia bíblica al mercado. La Inglaterra del siglo diecinueve ofrece un buen ejemplo. Después de una rápida industrialización, las condiciones en las fábricas eran deplorables. Los niños, algunos de apenas siete años, eran obligados a trabajar doce horas por día. Las mujeres y los niños trabajaban en las minas de carbón. El gran estadista cristiano Lord Shaftesbury, que famosamente argumentó que "lo que es moralmente incorrecto no puede ser políticamente correcto", lideró una cruzada contra esas condiciones, exponiendo lo que el poeta William Blake denominó "las oscuras fábricas satánicas". La cruzada fue tan exitosa que un historiador económico más tarde escribió que Shaftesbury "hizo más que nadie en la historia de Inglaterra por ponerle freno al poder injusto del nuevo sistema industrial".

La lección que ofrece la historia es que el capitalismo (o cualquier otro sistema económico) es solamente beneficioso cuando se sujeta a las restricciones morales derivadas de la verdad religiosa. Estas mismas restricciones morales se han aflojado peligrosamente, como bien lo ha revelado Enron. El caos resultante sólo puede conducir a inoportunas regulaciones burocráticas e, inevitablemente, a la pérdida de la libertad. Salvo que reconstruyamos la tercera pata del taburete de Michael Novak. Esto requiere un esfuerzo heroico pero es un esfuerzo que los cristianos están extraordinariamente equipados para poder realizarlo.

Tercero, los cristianos tienen que encontrar una nueva manera de comunicar la vital necesidad de adhesión a normas morales y éticas absolutas. Lo que vimos cuando el público no se enfureció ante las aventuras amorosas del presidente Clinton y sus mentiras no fue que la moralidad sexual se hubiera aflojado, sino que fue un cambio radical, la aceptación de una filosofía moral completamente nueva y extremadamente resistente a la crítica racional. En el pasado, uno puede haber desafiado un punto moral mediante un argumento razonado, convocando las normas comúnmente aceptadas del bien y del mal. Sin embargo, hoy día, como lo he descubierto al dar conferencias en diversas universidades, los jóvenes no han estado jamás expuestos a una filosofía moral, sino que están adoctrinados en cambio en una perspectiva que trata a la moralidad como una de las muchas estrategias para el desarrollo propio.

El resultado final es que los argumentos racionales ya no funcionan. Entonces, ¿cómo influimos en los resultados? ¿Cómo afectamos las sensibilidades morales? Hace varios años atrás, almorzando con mi amigo Bill Bennett, él sugirió que la gente de hoy es todo menos inmune a la filosofía moral y lo más probable es que los conmueva la literatura moral. Su punto quedó comprobado cuando su libro *The Book of Virtues* [El libro de virtudes], una colección de historias morales clásicas, tuvo un éxito extraordinario.

Después aparecieron libros de otros autores con un propósito similar. Estos autores han descubierto algo, señalando quizás una manera importante en que los cristianos pueden atraer a la cultura: atrayendo la imaginación moral mediante la literatura clásica. Las historias nos cambian porque alcanzan a toda la persona, no sólo a nuestras facultades cognitivas. Cuando leemos, nos identificamos con caracteres que demuestran valentía y sacrificio propio, tomando indirectamente decisiones con ellos y, en el proceso, se amolda nuestro propio carácter. Como escribe C. S. Lewis: "Me convierto en mil hombres, y sin embargo sigo siendo yo mismo."

Muchos de los clásicos fueron compuestos por excelentes escritores cristianos y pueden ayudar a atraer a la gente hacia la fe. Louise Cowan nos relata cómo ella perdió la fe de su niñez cuando estaba tomando clases de religión en la universidad y que sólo la recuperó más tarde en los cursos de literatura. El seguir el desarrollo de los temas cristianos en Shakespeare le habló a su corazón de una manera que no lo habían logrado los tratados teológicos discursivos. Yo también he obtenido de las novelas de Dostoievski muchas de mis convicciones más profundas sobre la ética, el delito, el pecado y la gracia.

De modo que si no nos gusta la imagen de los Estados Unidos que vemos en el espejo, un buen lugar donde comenzar es cambiándonos a nosotros mismos: leamos los clásicos y estimulemos nuestra propia imaginación moral. Luego se los podemos leer a nuestros hijos y se los podemos pasar a nuestros amigos. Tal vez tendríamos que volver a pensar también nuestra estrategia en la guerra cultural. En vez de lanzar granadas retóricas, tendríamos que apoyar programas para leer los clásicos en las escuelas para que la gente comience a pensar sobre los imperecederos temas morales y espirituales. Durante demasiado tiempo muchos cristianos han intentado tener un impacto por medio de su activismo político solamente. La lección de los escándalos de las últimas dos o tres décadas es que la herida de la nación es mucho más profunda que la política. La política es una expresión de una cultura, un reflejo meramente de los propios valores de los Estados Unidos. Tenemos que encontrar maneras de cambiar esos valores y los cristianos están extraordinariamente equipados para realizar esa tarea.

Nuestro modelo tendría que ser la iglesia después de la caída del Imperio Romano: los monjes custodiaron cuidadosamente cada libro que podían obtener, ya fuera de teología cristiana o de filosofía y literatura romanas y griegas, para luego enseñarles a los bárbaros. Fueron los monasterios los que preservaron lo mejor de nuestro pasado y quienes volvieron luego a gradualmente civilizar a Europa.

Más importante que el resultado de una elección es la preservación de las riquezas de nuestra herencia literaria e intelectual de modo que podamos volver a civilizar a los bárbaros modernos que viven a nuestro alrededor. Como escribió G. K. Chesterton: "Todo hombre que quede aislado del pasado… es un hombre que ha sido injustamente desheredado." Más aún, cuando se descuida la historia de una cultura, dice Donald Drew en Human Events [Eventos humanos], "desaparecen sus señales y sus hitos" y pierde su sentido de dirección. Mientras el país lucha con su identidad moral, los cristianos tienen la oportunidad de ayudar a recuperar su dirección moral, y la literatura tal vez sea el mejor hito que podemos ofrecer.

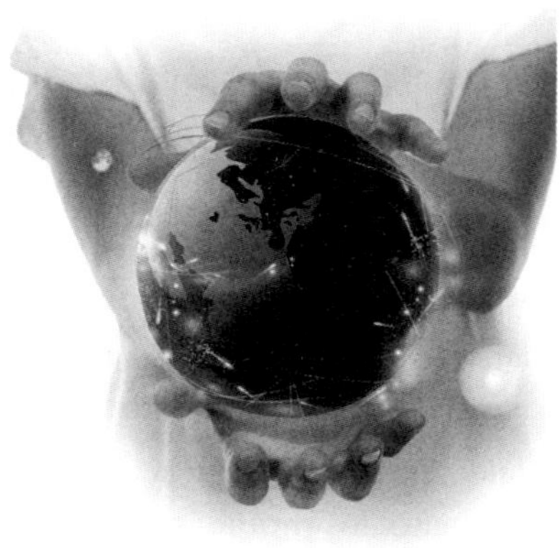

4
CÓMO ABORDAR LA DESINTEGRACIÓN SEXUAL

La fotografía del periódico mostraba a dos hombres besándose mientras que sus amigos les tiraban alegremente arroz[7]. Increíblemente, era el día de su boda, y su "boda" era, gracias a un tribunal canadiense, tan legal como cualquier matrimonio heterosexual. Al poco tiempo, esta infección canadiense de confusión matrimonial y legal se propagó a los Estados Unidos, creando una tremenda confusión en nuestros tribunales y legislaturas.

Todo comenzó el 11 de junio de 2004 cuando un tribunal de apelaciones canadiense dictaminó que la prohibición de Canadá de los así llamados "matrimonios homosexuales" era inconstitucional. A las pocas horas, la primera pareja canadiense del mismo sexo corrió a casarse. Tres semanas más tarde, en *Lawrence versus Texas,* la Corte Suprema de los Estados Unidos dictaminó con seis votos contra tres que la sodomía es una conducta protegida bajo la Constitución de la disposición así llamada "derecho a la privacidad". Los homosexuales vitorearon la decisión como el preludio al "matrimonio" homosexual en los Estados Unidos: y tenían razón. Fue asimismo el preludio a sancionar legalmente la poligamia, el incesto, la pedofilia y la bestialidad. Como furiosamente bramó el juez Antonin Scalia en desacuerdo, la decisión "efectivamente decreta el fin de toda legislación de moralidad".

Este es precisamente el punto por el que fueron vilipendiados el senador Rick Santorum y el Fiscal General de Alabama, Bill

Pryor (quien había sido nominado en esa época para el distrito jurisdiccional). Los homosexuales radicales y los medios de comunicación falsamente afirmaron que Santorum igualaba la conducta homosexual con la bestialidad y el incesto. Ridículo. Sólo estaba afirmando lo obvio: si los Tribunales sancionaban la sodomía aludiendo razones de privacidad, no tendría en ese caso razones para declarar como ilegales otros actos sexuales privados y consensuales.

Por ejemplo, ¿cómo podríamos continuar confirmando leyes contra la poligamia? Después de todo, un polígamo y sus esposas entablan actos sexuales privados y consensuales. Lo mismo ocurre con un padre que desea dormir con su hija adolescente (o hijo) que consiente a ello. Así también el hombre que comete actos de bestialidad porque, de acuerdo con el ético Peter Singer, los animales pueden dar un consentimiento tácito.

Este fue el secreto oculto detrás de *Lawrence versus Texas* —que es la razón por la que el lobby homosexual atacó tan ferozmente todo el que lo expusiera. Los americanos pueden tolerar la sodomía, pero la mayoría pone los límites al llegar al incesto, la poligamia y la bestialidad.

Estas y otras acciones jurídicas y legislativas subsiguientes plantean la pregunta: ¿están los Estados Unidos presenciando el fin del matrimonio? En 2003, la Corte Suprema de Justicia de Massachusetts ordenó que el estado expidiera certificados matrimoniales a parejas del mismo sexo. (En la primavera de 2004, la legislatura de Massachusetts votó el reconocer las uniones civiles del mismo sexo en cambio.) Siguió un período sin precedentes de anarquía municipal, con funcionarios en California, Nueva York, Oregón y Nuevo México burlando con regodeo las constituciones y leyes de su estado al aprobar legislación que permitía que los homosexuales se casaran. El resultado fue que miles de homosexuales corrieron a casarse en esas municipalidades, mientras que gran parte de los medios de noticias los incitaban. Elecciones, legislaciones, referéndums y decisiones judiciales posteriores negaron esas leyes o las dejaron en suspenso, arrojando todo el asunto a un caos total. En el momento que escribo esto, el resultado final es incierto. El presidente Obama instruyó al Departamento de Justicia en febrero de 2011 a no defender más la Ley de Defensa del Matrimonio, o DOMA (por sus siglas en inglés), la prohibición legal del reconocimiento federal de los así llamados matrimonios del mismo sexo, mientras que el Congreso y un número cada vez mayor de legislaturas estatales parecían decididos a detener la legislación de los así llamados matrimonios gay.

El asunto, y la confusión que propaga, fue debatido hace mucho tiempo en 1996 cuando la comedia televisiva *Friends* pasó un segmento que presentaba una boda lesbiana. Después de la emisión, un clérigo les sermoneó a los lectores de un periódico de Missouri que podrían oponerse al matrimonio homosexual diciéndoles que crecieran y aprendieran a ser un poco más "abiertos". "El asunto", escribió, es "aprender a vivir en un mundo multicultural, con múltiples costumbres, religiones y todo lo demás". Cuando incluso los líderes religiosos propugnan a favor de los así llamados matrimonios del mismo sexo, no hay duda de que hoy estamos frente a un asunto cultural candente.

EL PROBLEMA SUBYACENTE

¿Cómo cayeron los Estados Unidos en este atolladero de confusión? En el capítulo anterior, yo marqué la reacción del público a las indiscreciones sexuales del presidente Clinton con la pasante de la Casa Blanca Mónica Lewinsky como una señal que demostraba cómo habían cambiado las actitudes sexuales en nuestro país. En vez de estar la nación en su totalidad horrorizada, los índices de aprobación del presidente aumentaban con cada nueva acusación. En una encuesta de NBC/*Wall Street Journal*, un 66 por ciento dijo que el presidente no tendría que ser impugnado aun cuando las acusaciones probaran ser ciertas. Las entrevistas con gente común y corriente de la calle revelaron una indiferencia general. Incluso las feministas generalmente indignadas opinaron que dado que la supuesta relación sexual había sido consensual, no había problema.

La reacción pública nos sorprendió a muchos de nosotros porque reveló cuán profundamente habían caído las actitudes hacia la inmoralidad sexual en los Estados Unidos. ¿Cómo es que tanta gente podía encogerse de hombros ante tales acusaciones? Yo le hice esa pregunta a Robert George, profesor de filosofía política en la Universidad de Princeton. Su respuesta no sólo reveló por qué estamos tan confundidos sexualmente que los affaires y los adulterios no nos enfurecen moralmente, sino que articuló principios básicos que revelan el problema subyacente de la homosexualidad y la presión por legalizar los así llamados matrimonios homosexuales. Revela por qué el populacho está cayendo en una manera de pensar en la que pueden creer que, en lo sexual, todo vale.

—Es porque han perdido el sentido de lo sagrado en la vida humana —contestó el Dr. George.

—No estoy hablando del aborto —le dije desconcertado—. Estoy hablando del adulterio.

"Ambos derivan de la misma cosmovisión", me explicó. La ortodoxia secular moderna divide al ser humano, dividiendo a la persona del cuerpo. El cuerpo es tratado como un instrumento para obtener lo que quiere el yo: placer, satisfacción emocional, lo que sea.

Esto puede sonar abstracto, pero las consecuencias del dualismo de la persona y el cuerpo son penosamente concretas. La conclusión es que el cuerpo no es realmente "yo", sino que es algo diferente a mi yo verdadero: algo como una posesión que utilizo o de la que me deshago. Así el aborto: los secularistas insisten en que el embrión humano es meramente un cuerpo, no una persona completa, y puede ser fácilmente descartado. Así el suicidio asistido: los secularistas que deciden que el cuerpo les está dando demasiado dolor o problemas, pueden optar por el suicidio, e incluso exigir que un médico los ayude a hacerlo. Así el sexo fuera del matrimonio o las conexiones homosexuales: la unión sexual de dos cuerpos no significa necesariamente la unión de dos personas en todos los niveles de su ser (matrimonio), sino solamente que dos personas están usando sus cuerpos para un placer o afecto mutuo.

Hasta que no captemos el dualismo subyacente de la persona y el cuerpo, no podremos comprender la postura secular en cuanto a estos polémicos asuntos morales. La idea de que el sexo fuera del matrimonio o las conexiones homosexuales son moralmente aceptables implica que el cuerpo es tan sólo el vehículo para obtener lo que queremos: así como usamos un automóvil para dirigirnos a donde queremos ir.

Esto va totalmente en contra de los principios de la cosmovisión cristiana del mundo. Desde los apóstoles, la iglesia se ha opuesto a las herejías dualistas. Nosotros creemos que Dios ha creado a cada individuo como una unidad: cuerpo, alma y espíritu.

En los últimos días, nuestros cuerpos serán llevados a la vida eterna. Cada vez que recitamos el Credo de los apóstoles, lo afirmamos: "Creo… en la resurrección del cuerpo." El cristianismo le concede una extraordinaria dignidad al cuerpo. Lo que hacemos con nuestro cuerpo expresa quiénes somos como personas completas. Totalmente rechazamos todo dualismo que divida al individuo en partes y relegue el cuerpo a un mero rol instrumental.

Esto explica por qué Dios habla con tanta dureza contra la homosexualidad y el sexo fuera del matrimonio. La unidad sexual es la unidad de dos personas enteras. Así es como fuimos creados. Si tenemos sexo fuera del matrimonio, si formamos una unión corporal aparte de la unión de dos personas completas, violamos nuestra totalidad. Lo cual quiere decir, violamos nuestra integridad (que significa literalmente totalidad). Nos desintegramos. Esa es la razón por la que el sexo fuera del matrimonio es tan devastador: destruye la integridad de nuestro ser.

¿Cómo se aplica esto al así llamado matrimonio gay? Como lo han notado los filósofos tanto católicos como protestantes, el "matrimonio gay" es una contradicción total. En su libro *The Clash of Orthodoxies* [El conflicto entre las ortodoxias], el Dr. George escribe que la ley matrimonial refleja la idea de la ley bíblica y de la ley natural de que el matrimonio es la comunión de personas y que estas dos se convierten en una sola carne, consumada por actos que son de tipo reproductivo, resulten o no en la concepción de hijos. Ese acto une a los cónyuges en una sola unidad procreadora: una unidad orgánica alcanzada incluso por parejas estériles.

Por el contrario, escribe el Dr. George, los actos homosexuales no tienen ninguna relación con la procreación y no pueden unir a las personas orgánicamente. Por lo tanto, esos actos no pueden ser matrimoniales, lo cual significa que las relaciones homosexuales no pueden ser matrimonios.

Y como escribe el filósofo J. Budziszewski en su libro *What We Can't Not Know* [Lo que no podemos dejar de conocer]: "El decir que la procreación es el propósito del matrimonio no es algo arbitrario; sola entre todas las formas de unión humana, la unión de los sexos produce hijos… Una legislatura [o un tribunal] no puede convertir a las uniones de sodomía en matrimonios como tampoco podría convertir a perros en gatos; sólo puede deshacer la institución del matrimonio sembrando confusión."

Trágicamente, nuestra cultura *ya* está confundida. Una reciente encuesta de Gallup reveló que el 40 por ciento de los americanos y el 61 por ciento de los americanos más jóvenes, piensan que los así llamados matrimonios del mismo sexo tendrían que ser legales.

LA CAMPAÑA POR LEGITIMAR EL ASÍ LLAMADO MATRIMONIO GAY

Mientras escribo, los tribunales están avanzando rápidamente hacia la legalización, y la Corte Suprema ha allanado ya el camino: en *Romer versus Evans*, invalidó el referendo de Colorado que les negaba protecciones legales especiales a los homosexuales, alegando que dichas leyes crean una "inevitable inferencia de animosidad". La lógica de Romer se podría fácilmente usar para definir como intolerancia cualquier ley contra el así llamado matrimonio gay (ni que hablar de la poligamia y otros desvíos de las normas tradicionales).

Mientras que los tribunales marchan a toda velocidad, las legislaturas luchan por pisar el freno. Muchas personas están preocupadas de que cuando los así llamados matrimonios homosexuales sean legalizados en el estado que sea, los homosexuales van a correr hacia ese estado para casarse y luego exigir que su estado de residencia reconozca sus "matrimonios" (citando la cláusula de "plena fe y crédito" de la Constitución). Mientras que el Congreso aprobó a toda prisa la Ley de Defensa del Matrimonio para evitar que eso ocurriera, varios estados han considerado proyectos de ley para limitar el matrimonio a parejas de hombres y mujeres.

Sin embargo, en cuestiones constitucionales, los tribunales tienen el poder de revocar leyes estatales. Si lo hacen, no harán más que allanar el camino a la libertad sexual para todos. Ellos codificarán la confusión cultural sobre la naturaleza misma del matrimonio. Si el sexo consensual de cualquier tipo es un derecho civil constitucionalmente protegido, como lo sostiene Lawrence, la Cláusula de Igualdad de Protección tendría que otorgarles a las parejas gay el mismo derecho que las parejas heterosexuales de formalizar su relación.

La única esperanza verdadera de disuadir a los tribunales es mediante la opinión pública. Incluso los jueces liberales actuales pueden ser contenidos por un abrumante consenso democrático. Como cristianos, tenemos que ayudar a levantar un muro de protección en el corazón y la mente de la gente.

En medio del caos, el presidente Bush anunció su apoyo a una Enmienda Federal del Matrimonio, que asegura que este asunto tan polémico sea debatido en todos los ámbitos de la vida de los Estados Unidos. Tendría que serlo, ya que las consecuencias de que una orden judicial (o de los intendentes) nos imponga el así llamado matrimonio gay recaería en todos los americanos, y no tan sólo en aquellos que lo aceptan. Pero la postura de la administración subsiguiente de Obama frente al "matrimonio" gay empaña toda esperanza del apoyo de la Casa Blanca a dicha enmienda, de modo que es probable que la confusión sexual continúe por algún tiempo todavía.

Como partidario de dicha enmienda, estoy muy consciente de los argumentos críticos. Como la ha notado el presidente Bush: "Después de más de dos siglos de jurisprudencia americana, y miles de años de experiencia humana, unos pocos jueces y autoridades locales presumen cambiar la más fundamental institución de la civilización. Su acción ha creado confusión en un asunto que requiere claridad."

LAS CONSECUENCIAS DE LA CONFUSIÓN

El presidente Bush tenía razón. Necesitamos claridad en el asunto del así llamado matrimonio gay, especialmente en lo que atañe a sus consecuencias para la estabilidad de nuestra sociedad. Ésta es la aclaración: el matrimonio es el componente básico tradicional de la sociedad humana, cuyo propósito es el de unir parejas y traer hijos al mundo. Por desgracia, la revolución sexual condujo a la separación del matrimonio de la procreación; el así llamado matrimonio del mismo sexo los separaría completamente, llevando a un aumento colosal del colapso de la familia, nacimientos fuera del matrimonio y crímenes. ¿Cómo lo sabemos?

En casi treinta años de ministerio en las prisiones, he observado las desastrosas consecuencias de la disolución del matrimonio en la vida de miles de delincuentes. Docenas de estudios confirman la evidencia que he percibido con mis propios ojos. Los muchachos que se crían sin su padre tienen el doble de probabilidades de terminar en la prisión. El sesenta por ciento de los violadores sexuales y el setenta y dos por ciento de los asesinos adolescentes jamás conocieron o vivieron con sus papás.

Incluso en los vecindarios de las zonas urbanas más deprimidas y peligrosas, sólo el 10 por ciento de los niños de familias intactas se meten en problemas, pero el 90 por ciento de la familias quebrantadas sí lo hacen. Las niñas que se crían sin su papá en el hogar tienen cinco veces más de probabilidades de ser madres en la adolescencia. Los niños que provienen de hogares rotos tienen más problemas académicos y de conducta en la escuela y tienen el doble de probabilidades de no terminar el colegio secundario.

Los críticos están de acuerdo con esto, pero afirman que el así llamado matrimonio gay jamás debilitará al matrimonio heterosexual. La evidencia dice que están equivocados. Stanley Kurtz de la Institución Hoover escribe: "Se deduce que una vez que se vuelve a definir el matrimonio para que acomode a las parejas del mismo sexo, ese cambio no puede evitar encerrar y reforzar la separación cultural misma entre el matrimonio y la paternidad que hace que el así llamado matrimonio gay sea concebible de entrada." Él cita a Noruega, donde los tribunales han impuesto el así llamado matrimonio del mismo sexo en 1993: una época en la que los noruegos disfrutaban de un bajo índice de nacimientos fuera del matrimonio. Después de la imposición del así llamado matrimonio del mismo sexo, el índice en Noruega de nacimientos fuera del matrimonio se disparó hacia arriba ya que el vínculo entre el matrimonio y la maternidad había sido roto y la cohabitación se había convertido en la norma.

Los partidarios del así llamado matrimonio gay sostienen que la mayoría de las tragedias familiares ocurren debido a los matrimonios *heterosexuales* quebrantados, incluyendo los de muchos cristianos. Tienen razón. Tendríamos que aceptar nuestra cuota de culpa, arrepentirnos y asear nuestra propia casa. Pero el hecho de que hayamos servido mal a la institución del matrimonio no es un reflejo de la institución misma; es un reflejo de nosotros mismos.

Como lo hemos notado anteriormente, no hay duda de que nuestra cultura ha cortado el vínculo entre el matrimonio y sus propósitos: la procreación y la unidad de los cónyuges. Incluso muchos cristianos aceptan la idea de que el sexo tiene como objetivo principal el placer. Y si el sexo es meramente recreativo, ¿cuál es la lógica de negar el matrimonio a las parejas gay? Si los heterosexuales pueden legalizar *su* "recreación", ¿por qué no los homosexuales?

¿QUÉ PUEDEN HACER LOS CRISTIANOS?

Los cristianos tienen que recuperar el elevado terreno de la moralidad, planteando los argumentos del orden natural, a nuestros vecinos seculares, que definen los propósitos del sexo como de unión y procreación, y el matrimonio como una institución estable, de un hombre y de una mujer, en la cual criar hijos. Esto significa que tendremos que criticar tanto a los heterosexuales que participan del sexo extramatrimonial y recreativo como lo hacemos respecto de la conducta homosexual.

En nuestra sociedad saturada de sexo, los cristianos no pueden simplemente proclamar que el adulterio y la homosexualidad están en contra de la Biblia y detenerse allí. Se nos acusará de "imponer moralidad". En cambio, tenemos que explicar la comprensión contradictoria del ser humano.

Y tenemos que insistirle a la gente qué es lo que está en juego. Primero, el dualismo de persona y cuerpo es algo radicalmente deshumanizante. Proporciona la justificación para una multitud de prácticas perniciosas: no sólo adulterio y actos homosexuales sin sentido de culpa, sino también abortos, experimentos fetales, eutanasia, suicidio asistido y desprecio por los derechos humanos. Estas prácticas le quitan al cuerpo toda su dignidad intrínseca y lo tratan como una mercancía que podemos usar, manejar, incluso desechar para satisfacer nuestros deseos.

Segundo, si participamos de estas prácticas, nos engañamos aceptando una visión falsa de la naturaleza humana. Separamos el cuerpo del yo, destruyendo nuestra integridad, nuestra totalidad. Experimentamos desintegración. Si los americanos verdaderamente entendieran lo que hace el adulterio y la homosexualidad, que conducen a la desintegración del ser humano, no lo descartarían con tanta ligereza.

Por último, tenemos que constantemente exponer el mito secular de que la conducta personal no tiene ningún efecto sobre la moralidad pública. Porque el individuo desintegrado es incapaz de formar y sustentar un carácter virtuoso, porque el yo renuncia al control moral sobre las pasiones e impulsos. Y sin carácter, no podemos mantener una relación de confianza mutua, de modo que los individuos desintegrados crean a la vez comunidades desintegradas.

Eso es lo que estamos observando hoy día: el caos proveniente de la controversia por el así llamado matrimonio homosexual en los tribunales, legislaturas y opinión pública tendría que alertarnos sobre las desastrosas consecuencias de la moderna visión secular del mundo. Esto es algo que los americanos no nos podemos dar el lujo de ignorar.

Para hacerlo, necesitamos aprender el lenguaje de la filosofía pública. En una cultura poscristiana, el sólo citar versículos de la Biblia no logra nada. En recientes debates en el Congreso de los Estados Unidos, los congresistas que citaban versículos bíblicos que prohibían la homosexualidad fueron estereotipados como atacantes de los gay. Los creyentes tienen que componer argumentos que todos los ciudadanos puedan entender, traduciendo la moralidad bíblica a declaraciones sobre el bien público.

Entonces, ¿cómo amenaza el así llamado matrimonio gay al bien público? Barney Frank, un congresista gay, formuló la pregunta de esta manera: "Yo no entiendo cómo le puede lastimar a alguien que dos personas deseen legalmente... ser mutuamente responsables." Su comentario tiene un cierto encanto libertario, pero no capta lo esencial. El aceptar privadamente a los homosexuales no es lo mismo que normalizar la homosexualidad otorgando a los homosexuales el derecho legal a la institución pública del matrimonio.

El aceptar las relaciones del mismo sexo como el equivalente moral y legal del matrimonio transforma la definición misma del matrimonio, con repercusiones de largo alcance. La visión del matrimonio de una sociedad emerge de su cosmovisión. En un artículo en la revista *Crisis*, el difunto David Coolidge del Instituto de Religión y Vida Pública esbozó resumidamente las dos visiones del mundo que luchan por el dominio actual en los Estados Unidos.

Coolidge llamó a la primera visión: modelo *Complementario.* Como explicó, ella supone que el universo fue creado con un orden moral objetivo, que los dos sexos forman parte de ese orden, que el matrimonio es la institución social fundamental mediante la cual unimos nuestras vidas en relaciones de familia y parentesco. Este modelo es prácticamente universal en todas las sociedades tradicionales. Está debajo de las leyes matrimoniales de todos los cincuenta estados y es compatible con el cristianismo. En términos legales, el derecho a casarse indica el reconocimiento del estado de un orden moral previo.

Pero ese modelo ha sido desafiado por lo que Coolidge denominaba el modelo de la *Elección*. Esta cosmovisión supone que el universo es maleable y que los individuos crean sus propias verdades, sus propios valores. La sexualidad no posee ningún propósito intrínseco; es tan sólo una oportunidad para tener placer, intimidad y reproducirse. La estructura de la familia es tan maleable como la plastilina y virtualmente toda forma es aceptable. Aquí, el derecho a casarse no es más que el derecho de los individuos de participar en beneficios definidos por el estado.

Estos dos modelos nos dan categorías útiles para conversar incluso ahora con los no creyentes. También destacan lo que está en juego: si el así llamado matrimonio del mismo sexo triunfa legalmente, va a ejercer una enorme presión sobre toda la sociedad para que se traslade del modelo *Complementario* al de *Elección*. El mensaje formará parte de la ley misma diciendo que no existe un orden moral objetivo, que el matrimonio es un invento humano. Y si la gente cree que el matrimonio no es más que un invento, pensarán que tienen la libertad de cambiarlo, redefinirlo o incluso desecharlo. El modelo de *Elección* debilitaría inevitablemente el compromiso de hombres y mujeres con la institución del matrimonio.

Y los resultados serían trágicos. Hoy día, la evidencia empírica es innegable: la ruptura de la familia fomenta una gran cantidad de patologías sociales. Es la que con más exactitud predice los problemas en la escuela, embarazo de adolescentes, adicciones químicas y crímenes. En *Life Without a Father* [La vida sin un padre], David Popenoe nota que el 70 por ciento de los que están en la prisión sirviendo una condena de muchos años son personas que se han criado en un hogar donde el padre estaba ausente.

Esta es la lógica que los cristianos tendrían que estar usando en el ámbito público. Los matrimonios son suficientemente frágiles hoy día. Si le quitamos reconocimiento legal a su condición única, veremos seguramente una erosión aún más rápida de la vida familiar, con todas sus temibles consecuencias.

Cuando debatimos la sabiduría de legalizar el así llamado matrimonio gay, tenemos que recordar que, nos guste o no, existe un orden moral natural de la familia. La historia y la tradición, y las enseñanzas de judíos, musulmanes y cristianos, apoyan la abrumante evidencia empírica: la familia, liderada por un padre y una madre casados entre sí, es la mejor estructura disponible para la crianza de los hijos y la salud cultural.

Es por esto que, a pesar de que algunos siempre se unirán de maneras no ortodoxas, la sociedad como un todo nunca tendría que legitimar una forma de matrimonio que no sea la de un hombre y una mujer, unidos con la intención de permanencia y crianza de los hijos. El matrimonio no es una institución privada cuya única intención es la de gratificar individualmente a sus participantes. Si no protegemos la institución del matrimonio, no sólo tendremos más rupturas de la familia, sino también más delincuentes detrás de las rejas y un mayor caos en nuestras calles. No podría ser más lo que está en juego.

5
CÓMO REVERTIR LA DECADENCIA CULTURAL

En 1978, un disidente de barba de cincuenta y nueve años de edad, cuyos escritos contribuyeron a exponer y, a la larga, derrocar la tiranía soviética, estaba de pie en los jardines históricos de Harvard frente a los profesores y graduados durante la tricentésima vigésima séptima ceremonia de graduación[8]. Las expectativas eran muchas. Aleksandr Solzhenitsyn era admirado por sus logros literarios y considerado como una gran figura literaria por el cuerpo docente, si no por sus críticas opiniones sobre el comunismo, al menos por el hecho de que era un intelectual oprimido.

Solzhenitsyn pronunció cada palabra con un tono agudo en ruso. La traducción atemperó el impacto en cierta forma. De hecho, hubo irrupciones esporádicas de aplausos antes de que la audiencia comenzara a entender claramente la dirección del discurso. Pero pronto, los profesores enfurecidos se dieron cuenta de que Solzhenitsyn los estaba culpando de su complicidad en la entrega del Occidente al secularismo liberal, del abandono de su herencia cristiana y de todos los horrores que le siguieron.

Ocurre que recientemente yo estaba leyendo una vieja copia de la alocución de Solzhenitsyn[9] a la misma vez que estaba estudiando Jeremías en mis devociones. Me asombraron los escalofriantes paralelos entre las palabras del disidente y las advertencias de Jeremías a los israelitas. Por ejemplo, al describir la visión occidental del mundo como "humanismo racionalista", Solzhenitsyn condenó la pérdida de "nuestro concepto de una Completa Entidad Suprema que solía refrenar nuestras pasiones y nuestra irresponsabilidad". El hombre se ha convertido en el "dueño de este mundo... que no contiene ningún mal en sí mismo", anunció. "De modo que todos los defectos de la vida" se les atribuyen a los "sistemas sociales equivocados".

Solzhenitsyn también argumentó que esta pobreza moral había llevado a una definición degradada de la libertad que no distingue entre las "libertades para el bien" y las "libertades para el mal". Nuestros fundadores, nos recordó, no habrían tolerado "toda esta libertad sin ningún otro propósito" más que la "satisfacción de nuestros propios antojos". Ellos exigían que la libertad se otorgara condicionalmente acorde al ejercicio constante del individuo de sus responsabilidades religiosas. Solzhenitsyn apenas podría haber imaginado que sólo catorce años más tarde la Corte Suprema de los Estados Unidos consagraría esta definición radical de la libertad: "En el corazón de la libertad yace el derecho de definir nuestro propio concepto de la existencia, del significado del universo y del misterio de la vida humana."

Solzhenitsyn también previó el surgimiento de la corrección política: "Las tendencias de moda de ideas y pensamientos están fastidiosamente separadas de aquellas que no están de moda." Él predijo que esto llevaría a "importantes prejuicios masivos" y que la gente estaría "acorralada por los ídolos de la moda preponderante en ese momento".

Quizás lo más difícil para el público fue aceptar su denuncia de que el Occidente había perdido su "valentía cívica... algo particularmente notable entre las elites gobernantes e intelectuales". Después de todo, dijo, con una "libertad ilimitada en la elección de placeres", ¿por qué habría uno de arriesgar su preciosa vida en defensa del bien común, en particular cuando es necesario defender su nación en tierras distantes? Incluso predijo que los americanos estarían más preocupados con los derechos de los terroristas que con sus hechos de maldad: una profecía que cumplió la Corte Suprema en Boumediene versus Bush, otorgándole a sospechosos de terrorismo acceso a los tribunales de los Estados Unidos, exactamente treinta años y una semana después del discurso de Solzhenitsyn.

La condición que diagnosticó Solzhenitsyn era idéntica a la de los antiguos israelitas. Dios habló a través de Jeremías con un sarcasmo cáustico, advirtiéndoles a los israelitas a dónde conduce esta clase de "libertad": sería libertad para "la guerra, la pestilencia y el hambre" (Jeremías 34.17). La profecía de Jeremías pronto se hizo realidad: los israelitas fueron llevados cautivos a Babilonia.

Tres décadas después del discurso de Solzhenitsyn, ¿dónde se encuentran los norteamericanos? Atrapados en un cautiverio similar: un cultura en rápido declive seducida por "espectáculos" violentos y pornográficos, una creciente censura de las ideas pasadas de moda y una ciudadanía espiritualmente exhausta.

SEÑALES DE DESINTEGRACIÓN

Hoy es dolorosamente evidente que las profecías de Solzhenitsyn de la desintegración cultural de los Estados Unidos están aconteciendo.Vemos claras evidencias de ello en muchos segmentos de la cultura, algunas directamente relacionadas con sus predicciones y otras en áreas que él no encaró en su discurso. ¿Podría Solzhenitsyn haberse imaginado siquiera que los derechos sexuales triunfarían finalmente sobre la libre expresión, que el mundo académico impondría rígidos códigos del lenguaje o que se amenazaría a las iglesias diciéndoles que perderían su exención de impuestos por oponerse al así llamado matrimonio homosexual? ¿Podría haberse imaginado el alcance de la caída de los espectáculos en franco libertinaje y abierto sensacionalismo?

Por ejemplo, en la última década, los americanos conocieron una nueva sensación deportiva: la XFL. En la noche de apertura de la nueva liga de fútbol en 2001, dieciocho millones de personas sintonizaron NBC. Considerando que todos los participantes eran jugadores que habían sido rechazados por la NFL, la cifra era asombrosa, además de ser una señal inquietante de que la cultura de los Estados Unidos se estaba volviendo cada vez más ordinaria.

La X de XFL significa extremo, como en extrema violencia, sexo y "actitud". La "actitud" era el abierto desacato a las autoridades y lo convencional. Los partidos no comenzaban con la tradicional cara o cruz, sino con una enloquecida pelea por la pelota, convirtiéndolo en el único deporte donde uno puede ser noqueado antes de siquiera comenzar el partido. Los jugadores usaban libremente malas palabras: palabras que era fácil reconocer a pesar de que las tapaban con un pitido.

En la XFL, abundaba el sexo. Las bien dotadas porristas armadas con sus pompones se lanzaban a las tribunas donde bailaban sugestivamente con los hinchas de fútbol mientras que las filmaban las cámaras de TV. Sumando libertinaje a la vulgaridad, el fundador de la XFL, Vince McMahon, dijo que les iba a preguntar a las porristas si sus relaciones sexuales con los jugadores estaban entorpeciendo el desempeño de los muchachos en el campo de juego.

Después de una sola temporada, la XFL dejó de existir. No fue debido a su contenido salaz y provocativo, sino porque le era imposible competir financieramente con la ya bien establecida, altamente popular y altamente redituable NFL. Pero la caída de la XFL no ha detenido a NBC y otras cadenas importantes de transmitir una programación altamente sexual que continuamente empuja los límites y rebaja el estándar de lo que acepta el público... y finalmente apetece.

Series de titilantes solteros y solteras y los así llamados programas de "realidad" de supervivencia que contienen tensiones sexuales, traiciones y una competencia despiadada entre concursantes que a menudo son personas mal adaptadas o socialmente deficientes atraen a televidentes mirones como moscas a la miel.

Es irónico que la misma semana del debut de la XFL, la Fundación de la Familia Kaiser dio a conocer los resultados de sus estudios sobre el sexo en la TV. El informe decía que el 68 por ciento de toda la programación en los horarios de máxima audiencia y el 84 por ciento de las comedias de situaciones, poseían contenido sexual. Y que el 10 por ciento ofrecía "fuertes sugerencias" del acto sexual. Según los estudios de la Fundación, esas cifras han continuado creciendo. Apenas cuatro años más tarde, el 77 por ciento de todos los programas en horarios de máxima audiencia incluían contenido sexual, promediando casi seis escenas de sexo por hora[10].

Donde más se evidencia la degradación de nuestra cultura es en la subcultura paralela de los adolescentes que se forma casi aislada de toda supervisión adulta. Los ejecutivos de los medios de comunicación, cuyo único valor es ganar dinero, francamente consienten la decadencia, rebeldía y narcisismo de los gustos inmaduros de los jóvenes que no poseen el discernimiento suficiente para comprender el daño que se les está haciendo.

Para los adolescentes contemporáneos, el valor más alto es el de "estar en la onda". ¿Cómo definen los jóvenes el *estar en la onda*? Es una amalgama de ideas que les fueron suministradas por las empresas que codician el mercado adolescente de $200 mil millones al año[11]. Estos son los fabricantes de indumentarias, los imperios de los medios de comunicación y las compañías de bebidas sin alcohol que, según el informe en el documental de PBS *The Merchants of Cool*, socavan intencionalmente las normas culturales para ofrecer la venta de sus productos a los deseos de ese mercado.

¿Y qué es lo que quieren los adolescentes? Primero, un universo libre de adultos, qué es la razón por la cual los programas de TV que se les ofrecen a los adolescentes presentan tan pocos adultos (o, cuando aparecen los adultos, se los retrata como bufones o hipócritas). A la vez, esto se ha convertido en el modelo al que adaptan los adolescentes su aislada cultura. León Botstein, presidente de la Universidad Baird, caracteriza a los colegios de los Estados Unidos como "una pandilla en la que personas de la misma edad definen el mundo que comparten entre sí". Dentro de este universo alterno, los jóvenes tienen la libertad de determinar no sólo los estilos de peinados y ropa, sino también las modas de la moralidad: ellos deciden las reglas que gobiernan la conducta sexual y el uso de drogas y alcohol. La clásica novela *El señor de las moscas* advierte qué es lo que puede ocurrir cuando los niños viven sin la guía de personas adultas: rápidamente se convierten en salvajes. Al menos los niños de la historia de William Golding no fueron empujados al salvajismo por adultos, como sucede con los niños de la vida real. Porque, irónicamente, son adultos de traje los que apoyan la cultura paralela de los adolescentes.

Segundo, los adolescentes desean ver, en la televisión y en las pantallas de cine, lo que Douglas Rushkoff de la Universidad de Nueva York denomina una "versión de ellos mismos". Esas versiones son las plantillas para dos estereotipos de TV: los "*mooks*" y las "*midriffs*". El *mook* es un personaje creado para atraer a los adolescentes masculinos, caracterizado por "una conducta infantil y grosera" y atrapado en un estado de "perpetua adolescencia". Los *mooks* son una presencia corriente en MTV. La *midriff* es, como la describe Rushkoff, una joven "sofisticada altamente sexualizada y cansada del mundo" que logra retener un poco su aspecto de niña pequeña. Los programas como la provocativa novela *Skins* (recientemente cancelada) y cantantes como Britney Spears les proporcionan a las jóvenes que se están entrenando para ser *midriffs* en los Estados Unidos un modelo que pueden imitar

Aún más amenazadores son las McMoralidades que enseñan las compañías de juegos electrónicos. El coronel Dave Grossman, un ex soldado de las tropas de asalto del ejército, quien investigó la psicología de las matanzas en combate, dice que los videos violentos y los juegos de computadora están preparando a los adolescentes para que sean violentos.Y luego viene Hollywood que les dice a los jóvenes mediante películas que la violencia y las matanzas están en la onda.

¿Acaso deberíamos sorprendernos cuando los jóvenes actúan de acuerdo con estos mensajes? Podemos y tendríamos que enojarnos con las compañías que, mediante la música y los medios de comunicación, les venden a nuestros hijos sexo, conductas antisociales, actitudes contra los adultos, códigos de vestimentas provocativas y la glorificación de la violencia, aunque también tendríamos que enojarnos con los padres que permiten que sus hijos se conviertan en presas de estas compañías. El hecho es que Muchos padres de la clase media están tan estresados de llevar y traer a sus hijos de una actividad a otra que apenas tienen tiempo para estar juntos como familia. De modo que los adolescentes de hoy día disfrutan de una autonomía sin precedentes. Al permitir que nuestros hijos formen una cultura paralela casi completamente libre de toda supervisión adulta, nosotros compartimos la culpa por las pandillas escolares, la epidemia sexual entre los adolescentes, la rebeldía contra la autoridad de los adultos e incluso las matanzas en las escuelas.

Por terribles que fueran las profecías de Solzhenitsyn, es difícil imaginar que incluso él podría haber previsto cómo el empobrecimiento de la moral en los Estados Unidos nos llevaría a envilecer el uso de nuestras "libertades para el bien" y a permitir que los magnates del márketing usaran esas libertades para el mal, deliberada y abiertamente socavando la moralidad, espiritualidad y desarrollo cultural para la próxima generación.

Otra evidencia del embrutecimiento de nuestra cultura se encuentra en nuestro discurso. Por ejemplo, los boletines de noticias respetan ahora nuestra sensibilidad, no mediante la omisión de vulgaridades, como solían hacerlo previamente, sino usando tres guiones después de la primera letra de las palabras ofensivas. Muy inteligente. En las charlas de oficina o en los corredores de las escuelas, nadie parece sentir ya ninguna vergüenza cuando las conversaciones están salpicadas de malas palabras.

En ninguna otra parte se evidencia más la tosquedad de nuestra cultura que en nuestra vestimenta. Yo estoy acostumbrado a ser un anacronismo: la única persona en el avión que usa saco y corbata. Sí, sé que los negocios se visten ahora de sport. Pero las camisetas estiradas sobre grandes barrigas, o pantalones cortos que exponen piernas peludas y dedos del pie que brotan de sandalias no son vestirse de sport, sino que tienen un aspecto desaliñado. Y uno lo ve cada vez más en los aviones, en restaurantes e incluso en la iglesia.

Ustedes se deben de estar preguntando por qué estoy tratando cosas tan "menores" como las malas palabras y la ropa desaliñada cuando nuestra cultura está enfrentando una enorme ruptura en las áreas más importantes que ya he tratado anteriormente, tales como la cultura de desintegración de los adolescentes y la desenfrenada violencia e inmoralidad de nuestros espectáculos sensacionalistas. Los insto a seguir leyendo. Pienso que verán que las pequeñas cosas pueden darnos una clave importante para entender las cosas mayores. Cuando comenzamos a dejarnos estar, cuando dejamos de prestar atención a la importancia de las cosas menores, la pereza se propaga como una infección en las áreas más importantes.

Cómo nos presentamos a los demás dice algo sobre la manera en que nos percibimos a nosotros mismos. Cuando yo era un infante de marina, revisábamos nuestros zapatos bien lustrados y pantalones almidonados en un espejo de cuerpo entero antes de salir del cuartel; se nos había inculcado que para ser eficaces teníamos que tener estilo para vestirnos. Esa es la clase correcta de orgullo, el antídoto de la pereza.

El pecado de la pereza, como escribió el ya fallecido periodista británico Henry Fairlie en *The Seven Deadly Sins* [Los siete pecados mortales] es "un estado de abatimiento que da origen a un letargo de la mente y de los sentimientos y del espíritu; a una flojedad… un envenenamiento de la voluntad; a la desesperación, pusilanimidad e incluso deseo… incluso por lo que es bueno… La pereza es un pecado mortal".

Como lo aseveró agudamente el discurso de Solzhenitsyn, hemos llegado a este estado. ¿Cómo hemos caído desde los altos ideales afirmados y practicados por nuestros padres fundadores y generaciones tempranas? En su *A Study of History* [Un estudio de la historia], el gran historiador Arnold Toynbee sostiene que una señal clara de la caída de una civilización es cuando las elites, gente que Toynbee rotula como la "minoría dominante", comienza a imitar la vulgaridad y promiscuidad exhibida por los peores miembros de la sociedad. Esto es precisamente lo que han hecho algunos líderes políticos y la mayoría de los magnates de los medios de comunicación. El resultado es que toda la cultura se vulgariza.

Si la conexión entre la pereza y el deterioro cultural les parece vaga o improbable, consideren las siguientes historias: la policía en Newport News, Virginia, estaba cansada de responder a las llamadas sobre ladrones y traficantes de drogas en un edificio en ruinas. Finalmente, se dispuso demoler el edificio. Para preparar el terreno para la nueva construcción, la policía decidió limpiar toda la zona: sacaron la basura, quitaron los automóviles abandonados y rellenaron los baches de la calle.

Ante la sorpresa de todos, tan pronto comenzó la limpieza, el índice de robos cayó en un 35 por ciento. El departamento de policía se había topado de casualidad con un enfoque nuevo del delito: una fórmula que está siendo adoptada en todo el país bajo la rúbrica de vigilancia policial de la comunidad. En vez de esperar que ocurran los delitos, la policía está ocupándose de los problemas que a menudo atraen el delito: el desorden y decadencia general.

Los que respaldan esta nueva filosofía tal vez no lo sepan, pero están reviviendo una clásica idea cristiana de que el delito no es sólo un acto individual sino también una violación del orden social. Por tanto, una de las mejores maneras de combatir el crimen es restaurando el orden. Por ejemplo, no hace mucho tiempo, el distrito policial 75 de la ciudad de Nueva York era uno de los lugares más peligrosos de los Estados Unidos. Entonces, la policía de Nueva York decidió no tolerar en absoluto ninguna violación del orden público. Los agentes de policía comenzaron a detener a todos los que violaban las leyes de tránsito (lo cual conducía muchas veces al hallazgo de drogas y armas de fuego) y a perseguir a los que andaban merodeando con fines delictivos (que a menudo terminaban siendo traficantes de drogas buscando hacer una venta). En tres años, los homicidios cayeron de 126 a 47.

Después de un tiroteo en un complejo de viviendas subvencionadas en Baltimore, la policía trabajó con agencias locales para mejorar la iluminación de las calles, podar los arbustos, limpiar los callejones y construir un lugar de juegos para niños. Los robos se redujeron en un 80 por ciento, y los hurtos de automóviles, en un 100 por ciento.

Estas historias de éxitos ilustran lo que el criminólogo James Q. Wilson denomina la teoría de las ventanas rotas. Sociólogos han descubierto que si la ventana de un edificio está rota y queda sin arreglar, al poco tiempo, todas las ventanas van a estar rotas. ¿Por qué? Porque la ventana destrozada da la impresión de que a nadie le importa, que cualquier vandalismo en el futuro no será penalizado. Y, una vez que el vecindario tolera violaciones como la ruptura de ventanas, pronto vendrán delitos mayores. Una pequeña alteración del orden, , conduce a un gran caos.

Las tareas de la policía solían incluir el arreglo de ventanas rotas: o sea, mantener el orden público. Según Eric Monkkonen en *Police in Urban America: 1860-1920* [La policía en la América Urbana: 1860-1920], la policía creó los primeros lugares donde darles de comer a los pobres. Ellos construyeron comisarías con espacio adicional donde se podían quedar los inmigrantes hasta encontrar trabajo. Ellos enviaban a los mendigos a las agencias de caridad. Y sí, ayudaban a los niños perdidos a encontrar el camino a casa.

Pero a comienzos del siglo veinte, el rol de la policía se vio cada vez más restringido: lo único que tenían que hacer era combatir el delito. Tenían que esperar hasta que alguien los llamara por teléfono. El golpe final fue cuando la Corte Suprema revocó un estatuto contra la vagancia en 1972 y un estatuto contra el merodeo con fines delictivos en 1983. A continuación, tuvo lugar un efecto dominó cuando los tribunales de primera instancia revocaron leyes estatales y municipales que tenían el fin de refrenar la conducta en los lugares públicos. Muchas ciudades importantes estaban allí, impotentes, mientras que las calles, parques y subterráneos sucumbían a conductas antisociales, tales como el garabateo de grafiti y el mendigar. Pronto, estas cosas fueron seguidas por conductas directamente criminales, tales como asaltos y robos.

LA CLAVE PARA RESTAURAR UNA CULTURA ESTABLE

Para revertir la destrucción de nuestra cultura, tenemos que revivir la clásica interpretación cristiana del orden. La palabra bíblica *shalom* no significa la mera ausencia de conflicto: significa el establecimiento de las relaciones correctas, de justicia y armonía. Como escribió San Agustín, la verdadera paz no significa la mera eliminación de la violencia: significa establecer un orden justo, la "tranquilidad del orden".

Este principio es válido en prácticamente todas las situaciones sociales. Cuando yo visito las prisiones, observo una evidente diferencia en las instituciones que exigen el orden: allí donde brillan los pisos y los catres están limpios, la moralidad es notablemente superior y disminuyen los problemas de disciplina. Los colegios experimentan el mismo efecto cuando tienen códigos de conducta y vestimenta. Cuando un vecindario hace cumplir normas superiores de orden, puede desalentar con mucha eficacia el delito dentro de sus fronteras. Para citar a otra gran autoridad cristiana, William Wilberforce notó: "La manera más eficiente de prevenir los peores delitos es castigando los delitos menores, y esforzándose por reprimir el espíritu general de libertinaje, que es el origen de toda clase de vicios."

Afortunadamente, no tenemos que esperar que nuestras fuerzas policiales locales se den cuenta. Hace algunos años en Montgomery, Alabama, cincuenta adolescentes cristianos descendieron en un vecindario decididos a ocuparse de algo que atrae comúnmente el delito: los arbustos crecidos que proporcionan un lugar donde pueden ocultarse los vándalos, ladrones y atracadores. Armados con tijeras de podar y máquinas de cortar yuyos, los adolescentes podaron las elevadas cercas y las ramas bajas de los árboles. Incluso reemplazaron las luces quemadas e instalaron mirillas en las puertas.

El proyecto se denominaba Jóvenes que Reducen el Delito y había sido organizado por la sección de Montgomery de los Vecinos que se Preocupan, un ministerio de la Confraternidad Carcelaria que movilizaba iglesias para proporcionar una ayuda práctica a las víctimas de delitos.

Como la mayoría de los demás norteamericanos, los cristianos están preocupados por el alarmante declive de la moralidad, espiritualidad y orden social de nuestra cultura. Pero a diferencia de los demás americanos, tenemos una filosofía que nos da una respuesta más amplia que meramente arrestar a más personas y construir prisiones más grandes. Una estrategia efectiva tiene que comenzar por hacer preguntas filosóficas fundamentales: ¿Qué es lo que hace que una comunidad sea "buena"? ¿Cuál es el orden correcto de la sociedad?

El invertir tiempo y dinero para construir una sociedad correctamente ordenada es el antídoto más poderoso para el caos y el derrumbe cultural. Más importante aún, es un poderoso testigo del ideal bíblico de *shalom* en un mundo en decadencia.

Cuando se trata de detener el deterioro de nuestros jóvenes, podemos empezar por no mostrar pereza de nuestra parte. Nuestro ejemplo les dará una sensación de orden a nuestros hijos. Mantengamos limpia nuestra casa y nuestro jardín y exijamos a nuestros hijos a que mantengan ordenados sus cuartos. No dejemos que salgan a la calle con ropa que sea demasiado reveladora o desaseada. Controlemos lo que nuestros hijos miran en la TV; tal vez terminemos tirándola a la basura. Extremo, sí, pero mejor que darle a los comerciantes de lo que está a la moda el derecho a aprovecharse de nuestros hijos.

Segundo, insistamos en pasar tiempo juntos como familia. Yo conozco una familia de devotos cristianos que siempre cenan juntos, no importa qué actividad de sus hijos tengan que sacrificar. Tercero, sigamos criticando a los que les ofrecen valores escabrosos a nuestros hijos. Las cadenas y anunciantes responden cuando suficientes personas expresan su indignación ante programaciones censurables. ¿Recuerdan lo que ocurrió después de Columbine? La cadena de televisión WB inmediatamente quitó, al menos por un tiempo, un episodio de un programa que involucraba violencia escolar.

Cuando se trata de la cultura más extensa, los cristianos tenemos que estar conscientes de las maneras sutiles en las que se está hundiendo nuestra nación en la pereza. Tenemos que resistir la caída creando fuertes influencias contraculturales. Podemos comenzar elevando nuestro propio estándar en la manera en que hablamos y nos vestimos. Podemos mantener nuestro estándar absoluto para la moralidad sin que nos importe lo que hacen los demás. Un buen lugar donde comenzar en es nuestros cultos. Me doy cuenta de que la vestimenta sport está de moda en los servicios contemporáneos, pero esta clase de vestimenta tendría que ser decorosa. También tendríamos que cultivar mejores gustos. La música y el arte cristianos no tendrían que imitar los estilos de sus degradados equivalentes seculares.

Sentado en una prisión romana, el apóstol Pablo no podría haberse jamás imaginado cuán apropiadas serían las palabras que pronunció para la iglesia en Filipo para los cristianos 2.000 años más tarde: "Por último, hermanos, consideren bien todo lo verdadero, todo lo respetable, todo lo justo, todo lo puro, todo lo amable, todo lo digno de admiración, en fin, todo lo que sea excelente o merezca elogio" (Filipenses 4.8). Sólo el pensar en tales cosas y actuar acorde con ellas puede impedir que nuestra cultura corra la suerte que le profetizó Jeremías al antiguo Israel y la suerte que les profetizó Solzhenitsyn a los Estados Unidos.

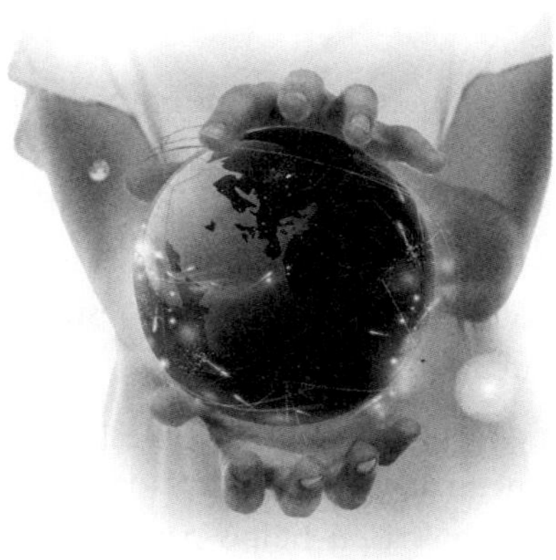

6
CÓMO RECONSTRUIR LA COMUNIDAD DE LA VERDAD

Para George O'Leary, era el sueño de su vida: la oportunidad de entrenar al equipo más prestigioso del mundo de fútbol americano: el Fighting Irish de Notre Dame.[12] Pero el sueño pronto se convirtió en una pesadilla. El día después de firmar su contrato con Notre Dame, el currículum de O'Leary fue enviado a la prensa: un currículum que incluía "inexactitudes" sobre su educación y las cartas de fútbol de la universidad. Unos días más tarde, O'Leary renunció humillado como la víctima de sus propias mentiras de antaño.

Es un ejemplo de lo que se ha convertido en una epidemia de mentir.

En años recientes, se han detectado engaños de políticos y expertos, profesores e incluso ganadores del premio Pulitzer. Uno de los más respetados historiadores del país, Stephen Ambrose, cometió plagio copiando porciones de las obras de otros historiadores y, a pesar de que se disculpó públicamente, no pareció estar demasiado preocupado por las resultantes controversias.

El historiador Joseph Ellis, que ganó el premio Pulitzer por su libro *Founding Fathers* [Los padres fundadores], fue prendido inventando un historial propio de la guerra de Vietnam. Lo mismo ocurrió con Tim Johnson, administrador de los Blue Jays de Toronto. El reclamo de Gloria Steinem sobre la cifra de mujeres que mueren por problemas de la alimentación, supuestamente 150.000 por año, resultó ser una enorme patraña feminista. James Patterson y Peter Kim, autores de *The Day America Told the Truth* [El día que América dijo la verdad], calculan que el 91 por ciento de nosotros alteramos regularmente la verdad. "Mentimos y ni siquiera pensamos en ello", escriben Patterson y Kim.

¿Por qué es tanto más común mentir? Algunos eruditos creen que el problema surgió a raíz de la adopción gradual de una ética utilitarista: una ética que comenzó a socavar la tradicional ética cristiana en el occidente desde mitades a fines del siglo diecinueve. Esta ética dice que los fines (buenos) justifican los medios, que si una mentira ayuda más de lo que daña, tenemos que sentir la libertad de usarla.

A fines del siglo veinte, el surgimiento del deconstructivismo posmoderno en los ámbitos universitarios agravó este problema. Los posmodernistas enseñan que la verdad no es sólo irrelevante; ellos creen que simplemente no existe. Como observa Lynne Cheney en su libro *Telling the Truth* [Diciendo la verdad], los académicos "saltaron más allá de la observación del sentido común de que las descripciones que hace la gente de la realidad difieren entre sí a la conclusión de que no hay una realidad independiente y, por lo tanto, no hay base alguna para emitir juicios sobre la verdad —o falsedad". Para estos académicos, las afirmaciones de la verdad son "los conceptos de los grupos dominantes: las creaciones de los poderosos", escribe Cheney. "El poder hace que algo sea correcto, en otras palabras y, por lo tanto, la intimidación era una manera perfectamente natural de tratar de obtener consentimiento." El asalto a la verdad se ha propagado más allá de lo académico hasta infectar las artes, las leyes, el periodismo y la psicoterapia, y Cheney señala que los siniestros resultados han estado ocurriendo durante décadas. Por ejemplo, allá por 1988, cuando se descubrió que la adolescente de Nueva York Tawana Brawley había mentido cuando dijo que hombres blancos la habían asaltado sexualmente, *The Nation* [La nación]afirmó que "no importa si el delito ocurrió o no" porque simboliza "lo que realmente les ocurre a demasiadas mujeres negras".

La mayoría de la gente supone reflexivamente que los científicos con su firme compromiso de perseguir conclusiones precisas basadas en datos objetivos y evidencias certeras, se sujetan a un estándar rígido de la verdad. La evolución, al menos, que ellos afirman que es un hecho, ha sido probada empíricamente, ¿no es verdad?

No, no es así. Seguro, hay evidencias de que hay una evolución dentro de una misma especie, pero el registro fósil no ha presentado evidencia alguna de que una especie se convierta en otra, como lo predijo Darwin con toda confianza. Al sociólogo Rodney Stark no le pasó desapercibida esta falta de evidencia. Stark no se considera un evolucionista ni tampoco un partidario del Diseño Inteligente: en cambio, él dice que es tan sólo un erudito que va tras la evidencia hacia dónde ella lo conduce. En *For the Glory of God* [Para la gloria de Dios], Stark ofrece la asombrosa evidencia de que los darwinistas han ocultado gran cantidad de fallas en su teoría. Él concluye que la batalla por la evolución no es realmente un caso de heroicos científicos que combaten la persecución de fanáticos religiosos. En cambio, desde el principio, la evolución "ha sido principalmente un ataque a la religión por parte de ateos militantes que se envuelven en el manto de la ciencia con el fin de refutar todos los reclamos religiosos pertinentes a un creador: un esfuerzo que ha sido intentado a menudo con el fin de sofocar todas las críticas científicas de la obra de Darwin".

Hoy día, los darwinistas dedicados continúan esta misma estrategia. Por ejemplo, cuando el bioquímico Michael Behe publicó *Darwin's Black Box* [La caja negra de Darwin], su argumento fue que las estructuras complejas como las proteínas no pueden ser montadas poco a poco, con una mejora gradual de sus funciones. En cambio, como una trampa para ratones, todas las partes, cierre, resorte, martillo y demás, tienen que ser armadas simultáneamente, o la proteína no funciona.

La tesis de Behe se enfrentó al desafío del mejor experto del país en estructura celular, el Dr. Russell Doolittle de la Universidad de California en San Diego. Doolittle citó un estudio sobre las sangrías en la revista *Cell*, que supuestamente rebatía el argumento de Behe. Inmediatamente, Behe leyó el artículo y se dio cuenta de que el estudio probaba exactamente lo contrario: respaldaba su teoría. Behe lo encaró a Doolittle, quien reconoció en privado estar equivocado, pero se negó a reconocerlo públicamente.

De modo que, ¿quién está silenciando la verdad? ¿Aquellos que nos invitan a ir tras la evidencia nos lleve adonde nos lleve, o los que nos exigen que la ignoremos? ¿Las personas que desean que en las escuelas se enseñe la evolución así como el Diseño Inteligente, con todas sus virtudes y debilidades, o las que intentan silenciar toda oposición?

Los que mantienen que la verdad existe y que está mal decir falsedades son atacados cada vez más. El profesor Thomas Bender de la Universidad de Nueva York caracteriza de "fetichistas de hechos" a las personas que insisten en la exactitud. Cuando los reporteros lo acosaron sobre las mentiras de Clinton, el entonces asesor de la Casa Blanca, George Stephanopoulos los acusó de "un exceso de literalismo".

El posmodernismo se ha infiltrado en las masas. Hoy día, hasta el hombre común no ve nada de malo en mentir. Aun cuando el periodista deportivo del *Washington Post*, Tony Kornheiser estuvo de acuerdo en que una universidad religiosa tal como Notre Dame tenía "todo el derecho de apartarse de George O'Leary", él argumentó que "cierta gente" iba a sugerir que las mentiras de O'Leary eran "insignificantes" cuando se las comparaba con sus veinte años de historia como entrenador.

En las páginas del *New York Post,* eso es exactamente lo que sugirió un hincha deportivo. "Yo pienso que Notre Dame está siendo más papista que el Papa", resopló el comerciante Jim McNulty. O'Leary no tendría que ser juzgado por su integridad, sino por su historia como entrenador. Es la respuesta posmoderna perfecta a la mentira: es perfectamente aceptable reinventarnos a nosotros mismos, porque lo que decimos y hacemos importa menos que la manera en que nos percibe la gente.

VERDAD O CONSECUENCIA

Las cosmovisiones tienen importancia. La actitud dominante de las últimas décadas dice que no hay verdades morales, que tendríamos que simplemente vivir el momento y sacar el mayor provecho posible de la vida. Esta visión del mundo nos ha conducido a la crisis de verdad que estamos experimentando. Estamos ignorando los frenos morales que nos sujetarían a la verdad, rotulándolos incluso como intolerantes.

C. S. Lewis nos mostró por qué es imperativo el alto concepto de la verdad absoluta y los desastrosos resultados que pueden aparecer a continuación cuando se pierde ese concepto. Su libro *Miracles* [Milagros] fue profético. Él lo escribió antes de que la mayoría de los cristianos tomaran conciencia de la filosofía emergente del naturalismo: la creencia de que hay una explicación naturalista para todo lo que existe en el universo. Lewis demostró que el naturalismo es autodestructivo: si la naturaleza es lo único que hay, entonces la vida no es nada más que un accidente cósmico. Incluso nuestra mente y nuestros pensamientos no son nada más que "un derivado accidental del movimiento de los átomos"[13].

Pero si todos los pensamientos son el resultado de átomos rondando en nuestro cerebro, no existe razón alguna por considerarlos como algo verdadero y confiable, incluso los pensamientos del naturalista. Por lo tanto, el naturalismo nos lleva a la conclusión de que la filosofía en sí no es verdad.

También socava toda moralidad objetiva, abriéndole una puerta a la tiranía. En *The Abolition of Man* [La abolición del hombre] Lewis nos advirtió que el naturalismo convierte a los seres humanos en objetos que es necesario controlar y torna a los valores en "meros fenómenos naturales" que pueden ser seleccionados e inculcados a una población pasiva mediante poderosos acondicionadores. Él predijo una época en la que aquellos que desean reparar la naturaleza humana "estarán armados con los poderes de un estado todo competente y una irresistible técnica científica"[14]. Por lo tanto, "la conquista de la naturaleza por parte del hombre" en realidad significa "el imperio de los acondicionadores que rigen sobre el material humano condicionado"[15].

Estas predicciones cobraron forma en *The Hideous Strength* [Una fuerza odiosa], una portentosa alegoría sobre una institución llamada N.I.C.E., formada para llevar adelante una ambiciosa visión utópica para "mejorar" a la humanidad (por coerción si fuera necesario). El tema es que la pérdida de una moralidad objetiva allana el camino hacia el despotismo, porque entonces no hay control alguno sobre los gobernantes más allá de sus propios impulsos. En las palabras de Lewis: "La idea misma de libertad presupone alguna ley moral objetiva que domina tanto a gobernantes como a gobernados."[16]

Claramente, la pérdida del concepto de verdad absoluta tiene consecuencias que van mucho más allá de la supuesta "inocuidad" de inventar historias falsas de autopromoción y de manipular datos.

LA VERDAD Y LA IGLESIA

La filosofía que yace bajo el fluido concepto actual de la verdad y la tolerancia de las mentiras se ha propagado incluso a la comunidad cristiana. En ninguna parte es más evidente que en el movimiento llamado iglesia "emergente". Los líderes de la actualidad tienen buenas intenciones: su objetivo es comunicar el cristianismo a una generación que ha aceptado la manera de pensar posmoderna. Pero me temo que en su afán por adaptarse, ellos se han acercado demasiado a la capitulación.

Angustiado por mis famosos intercambios con un líder de la "iglesia emergente", un joven teólogo me encaró después de una conferencia. Me instó a intentar comprenderlos. "Usted se sorprendería de ver cuánto coincidimos," me dijo.

Quizás yo había sido demasiado severo. Después de todo, el teólogo que lo llamaremos Jim, había argumentado que los líderes de la iglesia emergente están intentando traducir el evangelio para una generación posmoderna. Ése es un objetivo muy loable, accedí. Aunque en su afán por llegar a los posmodernos, quienes cuestionan la existencia y posibilidad de conocer la verdad, expresé mi temor de que se están acercando demasiado a la enseñanza de que esa verdad objetiva no existe.

A continuación intercambiamos extensos correos electrónicos. En defensa de los líderes de la iglesia emergente, él insistía en que la verdad es paradójica, personal y proposicional a la vez. Es objetivamente cierto que Jesucristo es Señor piense lo que piense la gente, escribió Jim. Pero luego añadió: "La verdad proposicional no es la verdad suprema. De hecho, la verdad suprema es personal."

Como todas las declaraciones que nos pueden llevar al error, ellas suenan convincentes. Por supuesto, la verdad se convierte en relacional cuando venimos a Jesús, quien es la Verdad misma. Pero el hacerlo no es lo que hace que sea verdad. Él es la verdad, lo experimentemos o no. Las escrituras no son jamás algo menos que la verdad proposicional revelada.

Jim argumentaba que los líderes prominentes de la iglesia emergente no lo decían por temor a que los demás no escucharan lo que ellos estaban tratando de probar. De acuerdo, sus motivos pueden haber sido buenos, pero su posición puede llevar a la gente a pensar que la verdad depende de la experiencia o comprensión.

Jim continuó implorándome que lo comprendiera. Los líderes de la iglesia emergente sólo buscaban desafiar a la iglesia a ir más allá de una ortodoxia estática. Bien, contesté, pero: ¿qué hay de nuevo? Durante treinta años, yo he estado tratando de que la gente se aleje de los bancos de la iglesia y comience a vivir su fe en las prisiones.

Temeroso de estar siendo influenciado por estereotipos, le pedí a mi socia Anne Morse que visitara una importante iglesia emergente. El culto había sido un poco inquietante para una conservadora, me informó, sin Biblias ni himnarios a la vista. Durante el culto, la congregación había tenido la libertad de llevar a cabo diferentes actividades en varias "estaciones" del edificio: orar, escribir en un diario o diezmar. El pastor, sin ninguna capacitación formal, no había ofrecido un sermón, sino la historia de cómo se había decidido a "seguir a Jesús".

Pero el estilo no es realmente el problema. Yo he asistido a cultos por todo el mundo, en antiguas cámaras de tortura en prisiones, bajo los árboles de la jungla en Sri Lanka y en hogares de creyentes bajo persecución. Y reconozco que la iglesia emergente está tratando de atraer a la mentalidad posmoderna como lo hizo Pablo en el Areópago, tomando los artefactos culturales atenienses. Sin embargo, una vez que lo hizo, Pablo también les enseñó por qué estaban equivocados. Él no santificó el altar al dios desconocido o dijo que los paganos tenían cosas que enseñarnos, como lo hace un líder al menos de la iglesia emergente (cuando, por ejemplo, dice que los budistas tienen cosas que enseñar a los cristianos sobre la meditación).

Los correos electrónicos seguían regresando a esa obstinada pregunta: ¿qué es la verdad? Mi experiencia es que la mayoría de los evangélicos de la corriente dominante están tan inmersos en su evangelio experimental que jamás piensan sobre la verdad proposicionalmente. Una encuesta del Grupo Barna en 2009 descubrió que sólo "un tercio de todos los adultos (34%) creen que la verdad moral es absoluta y que no se ve afectada por las circunstancias. Sólo un poco menos de la mitad de adultos vueltos a nacer (46%) creen en la verdad moral absoluta"[17].

Me temo que los argumentos de algunos de los líderes de la iglesia emergente nos llevan peligrosamente cerca de la trampa que colocó el deconstructivista Stanley Fish. Fish afirma que los posmodernistas en realidad no niegan la existencia de la verdad. Dice que simplemente no existe "una norma independiente de objetividad". De modo que no podemos probar la verdad a los demás; por lo tanto, no la podemos conocer. Esto no es más que un juego de habilidad verbal.

Para los evangélicos (y ni que hablar de las iglesias emergentes) aceptar esto sería socavar el fundamento mismo de nuestra fe. El teólogo Donald A. Carson pone el dedo precisamente en el problema epistemológico: por supuesto, la verdad es relacional, escribe Carson. Pero antes de poder ser relacional, tiene que ser entendida como objetiva. La verdad es verdad. En pocas palabra, es la realidad definitiva. Afortunadamente, Jim pudo por fin comprenderlo.

La iglesia emergente puede ofrecer una sana rectificación si nos alienta a atraer con mayor encanto a los posmodernos a Cristo los encontremos donde los encontremos: incluso en cafés y bares. Y sí, los estilos de adoración tienen que ser más acogedores, y tiene que experimentarse la fortaleza de la relación y la comunidad. Pero estas cosas no tendrían que impedir que hagamos una sólida defensa apologética de la capacidad de conocer la verdad.

Si nos pudieran garantizar que los enfoques cuestionables de las verdades absolutas se circunscriben a un solo movimiento aislado dentro del cristianismo, el problema no parecería tan amenazador. Pero ese no es el caso. Ha quedado en claro que las filosofías extrañas que socavan la verdad se han infiltrado en prácticamente todas las iglesias cristianas. Por ejemplo, no hace mucho recibí una carta de Julie, una líder de estudios bíblicos en una sólida iglesia evangélica, que me escribió para contarme que había tenido una conversación con mamás de su iglesia sobre cuáles eran sus libros favoritos para niños. Ella estaba horrorizada de que tantas de ellas pregonaran libros con temas naturalistas.

Julie tomó uno de los libros, un título de los Osos Berenstein, y les mostró a las mamás la página que decía: "La naturaleza es lo único que existe, que jamás existió y que por siempre existirá." Ellas no lo entendieron. Las mamás eran demasiado jóvenes para recordar a Carl Sagan o la famosa frase de su libro y película *Cosmos*: "El cosmos es lo único que existe, lo único que jamás existió y lo único que por siempre existirá." "¿Cómo despertamos a la gente?", me preguntó Julie en su cata.

Es una buena pregunta. Si las encuestas son correctas, falsas ideas han penetrado no sólo en los libros para niños sino también en nuestras creencias más básicas. *Gallup* informa que el 20 por ciento de los cristianos vueltos a nacer creen en la reencarnación y el 26 por ciento en la astrología. Cuarenta y cinco por ciento de los que el Grupo Barna clasifica como vueltos a nacer creen que "si la gente es lo suficientemente buena se puede ganar un lugar en el cielo". Y Wade Clark Roof en *Spiritual Marketplace* [El mercado espiritual] escribe que la mitad de los *baby boomers* [personas nacidas inmediatamente después de la segunda guerra mundial] cree que todas las religiones son "igualmente buenas y verdaderas", casi la mitad de ellos no participa en una iglesia protestante conservadora, ¡y un cuarto cree que es posible comunicarse con los muertos!

Debo admitir que los datos de las encuestas pueden ser ambiguos y que el término *vuelto a nacer* ha sido trivializado. Aún así, los datos describen una horrible imagen del estado del cristianismo evangélico. En un domingo cualquiera, una cantidad alarmante de los que concurren a la iglesia desconocen la Biblia o, peor aún, son sincretistas.

¿Cómo podemos explicar esto? Roof ofrece una respuesta: los *baby boomers* tienden a sustituir los sentimientos por una realidad objetiva, buscando una espiritualidad centrada en ellos mismos más que las exigencias estructuradas de la religión organizada. Con la autosatisfacción como su norma, ellos eligen, como si estuvieran frente a un mostrador con diferentes opciones de ensaladas, cualquier sistema de creencias que les de confort o significado.

¿Ha invadido el relativismo de tal manera la iglesia que los adultos han perdido la capacidad de disciplinar a sus propios jóvenes? En mis peores momentos, no lo podría haber imaginado. Pero un episodio reciente me hizo pensar.

Una graduada del programa Centurión de la Confraternidad Carcelaria (un curso intensivo del pensamiento bíblico) patrocinó un club cristiano voluntario en la escuela intermedia de su zona. Se inscribieron ansiosos cuarenta y tres estudiantes para el curso de trece semanas de duración. Todo anduvo bien hasta que los alumnos llegaron a la décima lección, que los llevaba por una serie de opciones para aprender la diferencia entre asuntos de predilección y de verdad. Una de las opciones, "creer en el islamismo, budismo o cristianismo" apareció en la pantalla.

Nuestro Centurión, yo la llamaré Juana, me dijo que "los estudiantes se volvieron locos". Quedó conmocionada cuando siete de los ocho líderes de los grupos pequeños, supuestamente cristianos maduros, se negaron a distinguir el cristianismo como cierto y las demás religiones como falsas.

Juana los instó a conversar con sus padres o pastores, creyendo que esas figuras de autoridad los corregirían. Al día siguiente, regresaron con sus respuestas, y eran aterradoras. Un pastor de jóvenes dijo que nadie puede estar seguro de la verdad, que "todo es cuestión de perspectiva". Los padres de los siete líderes estuvieron de acuerdo en que sus hijos adolescentes no tendrían que decir que sólo el cristianismo es verdad, porque eso podría ofender a los demás. Una joven había escrito un ensayo sobre: "Por qué no deberíamos lastimar los sentimientos de los demás afirmando que nuestro camino es el correcto," Juana se vio obligada a dejar de lado el capítulo 10. "No pueden enseñar lo que no creen," dijo.

El espíritu de la época rechaza los absolutos, y esto ha debilitado la capacidad de la iglesia de plantear tales desafíos aun cuando estuviéramos dispuestos a hacerlo. El decano de un seminario me dijo que todos sus alumnos dicen que creen en la verdad absoluta pero, a la misma vez, se muestran reacios a "imponer" sus ideas. Los laicos serios están aún menos dispuestos a cuestionar a los demás en el ambiente relativista actual, por temor a que los consideren intolerantes o fanáticos. Mark Dever, pastor de la Iglesia Bautista Capitol Hill de Washington, resume el problema con franqueza: "La iglesia ha perdido la capacidad de juzgar entre el bien y el mal, la verdad y la mentira".

LA REAFIRMACIÓN DE LA VERDAD

¿Cómo perdieron los Estados Unidos y sus iglesias el concepto de la verdad tan firmemente sostenido por el pueblo en general sólo dos breves generaciones atrás? Según el sociólogo Robert Bellah, se debe a que hemos perdido lo que él llama nuestra "comunidad de recuerdos".

En los 80, Bellah llevó a cabo entrevistas con doscientos americanos comunes de la clase media, buscando lo que él llamó, tomándolo prestado de Alexis de Tocqueville, los "hábitos del corazón" que nos guían. Muchos de los que respondieron aludieron no tener ningún sentido de comunidad u obligación social alguna. Ellos percibían el mundo como un lugar fragmentado de opciones y libertades que rendían muy poco significado o confort.

A este fenómeno, Bellah lo denominó "individualismo ontológico", la creencia de que el individuo es la única fuente de significado. Esto contrasta sobremanera con lo que él llamó las tradiciones "bíblicas" y "republicanas", las cuales proporcionan un punto de referencia de significado fuera del individuo, instruyéndonos sobre la naturaleza del mundo, la sociedad y nosotros mismos. Estas tradiciones están encarnadas en "comunidades de recuerdos" tales como los grupos religiosos, familias tradicionales y asociaciones culturales. Ellas comunican un sentido del orden y contexto de una generación a otra. Bellah predijo que dicho individualismo penetrante podría destruir los vínculos sutiles que une a la gente y desafiar la estabilidad misma de nuestro orden social.

Trágicamente, Bellah puede haber sido profético. Ya hemos visto lo que le ha hecho el relativismo y el individualismo radical a la familia, la que es un elemento tan esencial para la transmisión de modales y virtudes de una generación a otra. He visto las consecuencias de esto en dos generaciones de personas encarceladas. Cuando camino por las celdas de este país, hablo con los jóvenes sobre Dios el Padre. Ellos me miran como si yo estuviera pronunciando una mala palabra. La mayoría no sabe quién es su padre. Son como niños salvajes que carecen de toda clase de instrucción moral.

Si perdemos la comunidad de recuerdos de una generación, la podemos generar. Pero después de dos generaciones, hemos cortado las arterias de la civilización que transmiten verdades y virtudes. Claramente, es mucho lo que está en juego, no sólo para la iglesia, sino también para nuestra cultura.

Si hay un lugar donde se tiene que mantener la comunidad de recuerdos, aun cuando desfallezcan la familia y otras instituciones culturales, es en la iglesia. Después de todo, nosotros somos personas que vivimos a través de una verdad revelada. La enseñanza de los apóstoles pasó de una generación a otra y fue transmitida fielmente con un cuidado meticuloso. Durante la Edad Oscura, los monjes irlandeses copiaban y preservaban la Biblia y otros libros.

Ellos entendieron que la civilización no puede sobrevivir si uno no transmite la sabiduría de generaciones anteriores.

Si tenemos la esperanza de preservar el concepto de la verdad en la cultura general, nosotros como iglesia tenemos que conservar la capacidad de conocer nosotros mismos la verdad.

Las buenas nuevas son que aun cuando los Estados Unidos tolere más que nunca la mentira, los americanos retienen lo suficiente de su ética judeocristiana como para escandalizarse aún cuando una figura pública miente. Tenemos que lograr que nuestros semejantes entiendan qué es lo que está detrás de la inclinación presente a mentir: una cosmovisión que niega la existencia de la verdad misma, que meramente exacerba nuestra decadencia humana en esta área. Y luego tenemos que conducirlos al Autor de la verdad, el que dijo: "Yo soy el camino, la verdad y la vida."

Los pastores que yo he consultado están de acuerdo en que hay un problema, y ellos creen que la respuesta yace en una mejor predicación expositiva. Eso es necesario, pero me pregunto si eso basta para cambiar la corriente. El enseñar a lo creyentes a tener discernimiento exige un esfuerzo sistémico para examinar cómo se compara el cristianismo con las demás afirmaciones en todos los aspectos de la vida. Cuando comparamos honestamente las cosmovisiones, se evidencia la verdad del cristianismo (y la mentira de las otras visiones).

Es vital que los cristianos discriminen más. Los cristianos que disciernen podrán ver con mayor claridad las presuposiciones paganas detrás de la declaración en el libro de los Osos Berenstein que tantas mamás aceptaron sin pensar. Como descubrió Julie, los creyentes pueden entender las Escrituras, pero no reconocen aún los reclamos naturalistas que socavan la creencia bíblica.

Es muy importante que cuando podamos discernir lo que es falso, tengamos la valentía de denunciarlo como tal. Es posible que algunas personas que están buscando la fe se alejen, pero es mejor eso que la propagación insidiosa del sincretismo dentro de la iglesia.

La iglesia actual necesita aprender una lección de las heroicas figuras de un siglo atrás. Alarmado por el surgimiento del modernismo y las falsas enseñanzas que se estaban propagando incluso en las iglesias evangélicas, el erudito del Nuevo Testamento, J. Gresham Machen publicó un mordaz ataque en su libro clásico

Christianity and Liberalism [Cristianismo y liberalismo], Machen argumentó que las creencias que muchos estaban aceptando no eran simplemente una nueva versión del cristianismo, sino más bien constituían completamente otra religión. El libro fue una sacudida aleccionadora para muchos cristianos.

De modo que nosotros también tendríamos que rotular al sincretismo actual como otra religión. Mucho de lo que tiene el aspecto de cristianismo vuelto a nacer puede satisfacer al espíritu de la época, pero no es cristianismo auténtico. Como lo nota el historiador Paul Johnson, el cristianismo es una religión histórica que trata de hechos y acontecimientos. Entre esos hechos es que Jesús, el Hijo de Dios, nació de una virgen, en un momento y lugar específicos. Johnson cita los crecientes descubrimientos arqueológicos que han respaldado casi universalmente los relatos bíblicos. Y la vida de Jesús está mejor autenticada que la mayoría de las vidas de las demás figuras de la antigüedad, como Aristóteles y Julio César. Como lo expresa Johnson: "No son ahora los hombres de fe; son los escépticos los que tienen razones para temer el curso del descubrimiento." Esta verdad tiene que ser comunicada tanto a los que están sentados en los bancos de la iglesia como a los que están en nuestros púlpitos.

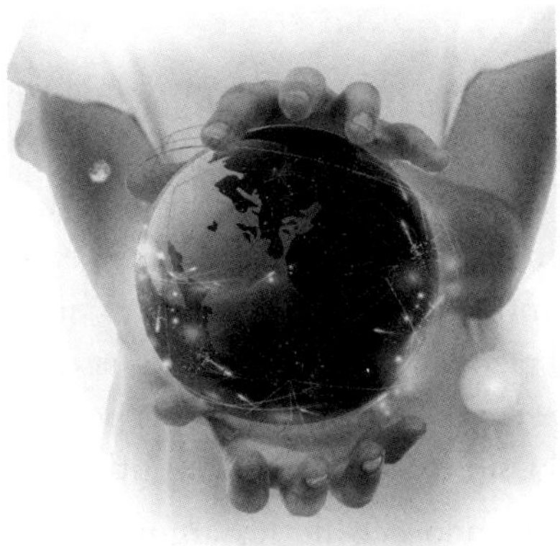

7
CÓMO DESCIFRAR EL CÓDIGO DE ÉTICA EN LA CIENCIA

En la sala de audiencias del Senado, el fallecido Christopher Reeve estaba prestando testimonio en apoyo de la investigación de las células madre embrionarias[18]. Sentado en su silla de ruedas, respirando con la ayuda de un respirador, el que había sido la famosa estrella de las películas de *Superman* irradiaba simpatía. Y luego algunos plantearon algunas preguntas algo incómodas: ¿es acaso ético quitar una vida para salvar otra? Porque, después de todo, la investigación de las células madre embrionarias destruyen embriones humanos.

Reeve contrarrestó diciendo: "Yo pensaba que la labor del gobierno era la de realizar el máximo bien para la mayor cantidad de personas." Los senadores y reporteros asintieron, demostrando su acuerdo con él. Obviamente, no lo entendían. Si el gobierno realmente acepta "el máximo bien para la mayor cantidad de personas", Reeve bien podría estar muerto. Después de todo, las terapias de Reeve, sus doctores, sus ayudantes y su silla de ruedas motorizada cuestan millones de dólares: dinero que podría solventar, en cambio, el cuidado médico básico de cientos de niños pobres.

Por supuesto, Reeve tiene el dinero para pagar todo eso: un hecho afortunado en el caso de que el gobierno decidiera aceptar su consejo del "máximo bien". Pero el continuó pidiendo a los contribuyentes de impuestos que gastaran millones en investigaciones para tratar las lesiones a la médula. Dado que hay muchos más los americanos que necesitan vacunas que una cura para la parálisis, ¿no significaría entonces una política del "máximo bien" gastar menos en la investigación de vacunas que de parálisis? Yo utilizo esta estampa, que mencioné también en el capítulo 1, en mis charlas y, para mi sorpresa, he descubierto que aun los cristianos asienten con el razonamiento de Reeve, hasta que les explico a dónde nos conduce esa forma de pensar. ¿Es posible que todos nos hayamos convertido, sin darnos cuenta, en utilitaristas prácticos?

Reeve estaba haciendo eco de los argumentos del filósofo de Princeton, Peter Singer, el utilitarista moral por excelencia. Singer cree que la moralidad no puede ser juzgada por ninguna norma trascendente. En cambio, él sugiere que nos preguntemos si una acción en particular va a incrementar la suma total de felicidad del mundo.

Por ejemplo, Singer cree que los padres tendrían que, en vez de gastar dinero en cirugías para salvar la vida de sus hijos, enviar el dinero para salvar a cientos de niños africanos de la inanición. El hacerlo aumentaría la suma total de felicidad del mundo. Singer desdeña las enseñanzas tradicionales sobre la santidad de la vida humana, creyendo que algunas personas, los niños encefálicos, por ejemplo, no son en realidad "personas". Argumenta que se les tendría que permitir a los padres matar a sus bebés recién nacidos con discapacidades (un bebé sano de reemplazo viviría una vida más feliz) y favorece la eutanasia para los enfermos y ancianos que han perdido la capacidad básica para funcionar mentalmente y que crean una carga para los demás.

Esta es la filosofía del "máximo bien" que adoptó Cristopher Reeve. Me pregunto si él sabía que Singer, en su primer día en Princeton, fue recibido por manifestantes de Todavía No Estamos Muertos, un grupo de personas que, como Reeve, estaban atados a una silla de ruedas. A diferencia de Reeve, ellos comprendían exactamente a dónde conduce la enseñanza de Reeve: la eutanasia para los que son considerados una carga para la sociedad.

El enfoque ético a la aplicación de las investigaciones promovido por Reeve y Singer ilustra la cada vez mayor influencia que tiene la teoría evolutiva de Charles Darwin en la ciencia y la medicina. Cuando miramos por debajo de la altisonante lógica y razonamiento de muchas de las decisiones de vida y muerte, "la supervivencia de los más fuertes" se está convirtiendo rápidamente en la nueva norma para la decisión. En salas de operaciones bien iluminadas en hospitales, en abarrotados hogares para ancianos, en ajetreados laboratorios de investigación y en consultorios médicos, se libra una letal guerra no anunciada contra los más débiles de los débiles: los bebés discapacitados, los ancianos y los seres humanos en la etapa embrionaria de la vida.

El primer disparo de esta guerra se produjo cuando el moderno movimiento de la eugenesia se puso de moda unos ocho años atrás. Los primeros objetivos fueron los "débiles mentales" y la gente de la raza "equivocada". Los científicos líderes de las primeras décadas del siglo veinte, enamorados de las teorías de Darwin, se convirtieron en partidarios de la eugenesia. El historiador Richard Weikart en *From Darwin to Hitler: Evolutionary Ethics, Eugenics, and Racism in Germany,* [De Darwin a Hitler: la ética evolucionaria, eugenesia y racismo en Alemania] escribe que aun cuando Darwin no fue el primero en argumentar que los fuertes y sanos tenían un valor más alto que los débiles y enfermos, o que algunas razas son inferiores, él proporcionó la base científica para esas creencias.

De hecho, algunos científicos comparaban a los enfermos mentales con simios. Los libros de texto informaban sobre descubrimientos supuestamente científicos de que los africanos, indígenas americanos y aborígenes australianos eran infrahumanos. El movimiento de la eugenesia dio origen a la esterilización de miles de personas supuestamente "inferiores".

Incluso intervino la Corte Suprema de los Estados Unidos. Entre los proponentes más entusiastas de la esterilización obligatoria figuraba el juez de la Corte Suprema Wendell Holmes, quien escribió en *Buck versus Bell* (1927) que "es mejor para todo el mundo" si "la sociedad puede impedir que los que son manifiestamente inadecuados continúen su especie... Tres generaciones de imbéciles es suficiente". A menudo, el resultado fue trágico. Incluida en la tercera generación de "imbéciles" estaba una niña llamada Vivian Buck, que no era tal cosa, ni tampoco su madre, que fue esterilizada después del nacimiento de Vivian. Como lo documenta Harry Bruinius en *Better for All the World* [Mejor para el mundo entero], las determinaciones de "debilidad mental" e "imbecilidad" se basaban en poco más que seudociencia y prejuicios.

Esta seudociencia era el furor en Viena y Múnich, donde el joven Adolfo Hitler proponía sus ideas radicales para la "raza superior". Weikart escribe que entre los pocos autores que sabemos que Hitler admiraba, algunos estaban inmersos en esa cultura. El máximo resultado de esas teorías fueron las largas filas que conducían a las cámaras de gas: el asesinato en masa de judíos, gitanos, homosexuales y las personas con problemas del desarrollo.

Setenta años después, las ideas eugenésicas vuelven a aflorar, disfrazadas de progreso humanitario, como en los laboratorios de investigaciones donde los científicos destruyen los embriones humanos "sobrantes" para encontrar un remedio para las enfermedades, o en bancos de esperma donde las mujeres seleccionan al padre de su bebé entre cientos de donantes basándose en su inteligencia o dones, o en los consultorios médicos donde los padres sienten la sutil presión de abortar fetos con imperfecciones, o en hospitales donde políticas de cuidados inútiles les permiten a los médicos decidir quién vive y quién muere. Hoy día, algunos especialistas en ética, como Singer, argumentan con todo descaro que es permisible matar a los niños discapacitados después de haber nacido, niños como mi nieto autista, Max, todo bajo el seductor aspecto de extender al máximo la felicidad humana.

Esta lógica utilitarista se está aplicando no sólo a quitar la vida sino también a crearla a la imagen del hombre. Científicos ingleses están intentando crear "bebés por diseño", trasplantando el núcleo de la célula de una mujer con una mitocondria defectuosa al óvulo sano de otra mujer. El niño que nace tendría tres padres genéticos. Es el primer paso hacia la ingeniería genética de seres humanos.

La eugenesia, cierta vez desacreditada, ha regresado de manera letal. Hoy día, los científicos no están diseñando una "raza superior" llevando a la gente "inferior" a las cámaras de gas, sino practicando una eutanasia involuntaria a lo largo del ciclo de la vida. A medida que se erosiona la influencia judeocristiana en la sociedad occidental, las normas éticas tradicionales le están cediendo el paso al único absoluto que queda: maximizar la felicidad. Pero sacrificar a uno para beneficiar a todos pronto hace que todos seamos vulnerables. Si seguimos la lógica mortal del utilitarismo moderno, pronto nos veremos enfrentados a otras preguntas: ¿Por qué no tomar partes del cuerpo de prisioneros, vivos o muertos, para salvar a otras personas? ¿Por qué darles de comer a los que no pueden trabajar o proporcionar asistencia médica a las personas que están en las últimas etapas de una enfermedad?

La ética evolucionaria no nos da ninguna razón para evitar los horrores morales. Por cierto, como lo señala Weikart, los primeros darwinistas afirmaban con certeza que la muerte en masa era necesaria para mejorar la raza. Ellos "afirmaban que los ganadores de la lucha por la existencia tenían que 'dar zancadas sobre los cuerpos de los conquistados'", nota Weikart. "Esto es lo que ellos vieron como ley natural. El mal natural sirve un buen propósito entonces, o sea, el de producir mejores especies."

EL RESULTADO LÓGICO DE LA ÉTICA DARWINIANA

Como lo hemos notado en el capítulo 6, C. S. Lewis de Oxford lo anticipó hace más de cincuenta años atrás: los científicos y políticos debatiendo la clonación humana, la manipulación de genes, el control de nuestra progenie y, por supuesto, todo en el nombre de la humanidad. "Si cualquier época realmente logra, mediante la eugenesia y la educación científica, el poder de que sus descendientes sean lo que desea", advirtió Lewis proféticamente, "todos los hombres que viven después serán los pacientes de dicho poder"[19]. Serán esclavos de la "mano de la muerte de los grandes planificadores y acondicionadores"[20].

Este es fundamentalmente el asunto que enfrentamos en los intensos debates hoy día sobre la investigación de las células madre embrionarias, la así llamada clonación terapéutica y otras cosas semejantes. Más allá de las cuestiones debatidas en el Congreso, si los embriones son humanos o meramente, como lo expresa el *New York Times,* "una bola de células", está al acecho la extensamente ignorada pregunta planteada por Lewis: ¿qué ocurre con la humanidad si nos convertimos en los controladores?

La revolución biotecnológica ha tomado la delantera como el asunto determinante de este nuevo siglo. Por un lado, encierra una gran promesa para los avances médicos que tienen como objetivo mejorar la vida y la salud de toda la humanidad. Por el otro, plantea problemas éticos sin precedentes.

Los cristianos no somos luditas; simplemente insistimos que la ciencia debe permanecer sujeta a la verdad moral. Pero la revolución biotecnológica está avanzando como una aplanadora, alimentada por enormes ganancias potenciales, aplastándolo todo, incluyendo el freno moral, a su paso. La ética secular, en esta época relativista, ha perdido completamente su contenido moral; sólo se pueden basar en el utilitarismo (haciendo el máximo bien a la mayor cantidad de personas) o el pragmatismo (haciendo lo que funcione). Por lo tanto, Singer propone el infanticidio de los bebés con defectos y la eutanasia al estilo holandés de los ancianos má enfermos.

Admito que, en el debate político, aparentemente los utilitaristas han asumido un alto nivel moral con un poderoso atractivo humanitario. Ellos enuncian deslumbrantes predicciones de que la investigación de las células madre embrionarias llevará a la cura de Parkinson, Alzheimer y otras enfermedades. De paso, ellos atraen los intereses personales también. ¿Quién no tiene un pariente enfermo (y quién no teme padecer dicha enfermedad también)? Los embriones que no han sido usados van a ser destruidos de todas maneras, ellos argumentan, de modo que usarlos para ayudar a las personas que están terriblemente enfermas es la postura verdaderamente "a favor de la vida".

Hace unos sesenta y cinco años atrás, médicos alemanes plantearon argumentos similares, justificado la matanza de las personas física y mentalmente retardadas, a quienes describieron como *lebensunswertes Leben*: "vida indigna de vida".

Las propuestas de Singer y Reeve violan las normas éticas defendidas por los cristianos y amadas por la vasta mayoría de los seres humanos desde los comienzos del mundo. Pero cuántos no ven que esta filosofía lleva también al absurdo. Rechazando la singularidad de la vida humana, Singer sostiene que el hacer distinciones entre los seres humanos y los animales es "especiecismo". Por lo tanto, con bastante lógica, él profesa no encontrar nada moralmente objetable en la bestialidad (el sexo con los animales), una opinión que conmociona a incluso los no cristianos. (Cuando mi colega, el especialista en ética Nigel M. de S. Cameron, lo presionó a Singer en un debate sobre el asunto del consentimiento del animal, Singer se puso a la defensiva.)

En el utilitarismo, encontramos una filosofía dramáticamente contrapuesta al cristianismo. Las Escrituras enseñan que Dios creó a los seres humanos según su propia imagen, dándole a cada uno un carácter moral único. El cristianismo, como solía decir la Madre Teresa, es antiestadístico. Todos los seres humanos, en todas las etapas de la vida, tienen un valor intrínseco, no meramente instrumental. Esto significa que nunca es correcto crear y luego matar a una persona para encontrar una cura para otra. Por supuesto, todos deseamos ver a nuestros seres queridos aliviados de su sufrimiento. Pero nos damos cuenta contra qué estamos luchando cuando incluso los cristianos no logran entender las consecuencias del utilitarismo práctico.

En un cierto sentido, le podemos estar agradecidos a Singer. Él hace lo que Francis Schaeffer nos instó a obligar a hacer a los secularistas, o sea, tomar sus filosofías que suenan razonables y llevarlas a sus conclusiones lógicas y, a menudo, absurdas. He descubierto que esta táctica es la mejor manera de penetrar en la neblina posmoderna. Si la revelación bíblica es cierta, cualquier proposición que sea incoherente con ella prueba ser irracional.

Los asuntos de la vida o la muerte tales como la investigación de las células madre embrionarias no van a desaparecer. A medida que se anestesian nuestras sensibilidades morales, si no exponemos los argumentos en contra del utilitarismo, las políticas que hoy día nos hacen retroceder, sólo nos harán encogernos de hombros. Y luego, a medida que se afianza la filosofía de "el máximo bien para la mayor cantidad de personas", los Christopher Reeve de este mundo estarán en peligro, y todo el resto de nosotros también.

CÓMO DESAFIAR LA ÉTICA UTILITARISTA

Si esperamos restaurar el sano juicio y la verdadera ética a la ciencia y la medicina, tenemos que desafiar las premisas del planteo de los utilitaristas. Por ejemplo, las predicciones de lo que pueden lograr la clonación y la investigación de las células madre embrionarias han sido extremadamente exageradas, y los experimentos han llevado a algunos resultados grotescos. Tampoco han establecido los proponentes que sólo las células madre embrionarias pueden satisfacer las necesidades de la investigación. Se han alcanzado resultados promisorios de células de la placenta cosechadas fácilmente y de células madre de adultos: el uso de las cuales no presenta dilema ético alguno.

¿Y qué de esos embriones "de sobra" que van a ser destruidos? Las parejas que los han adoptados tendrían que hacer alarde de sus hermosos "embriones", que son ahora unos niños muy saludables.

Tendríamos que señalar que muchos de los científicos involucrados en la investigación de células madre embrionarias (los así llamados especialistas en ética contratados por las industrias biotecnológicas) están preparados para recaudar enormes ganancias de sus estudios mortales. Esto es algo que muy pocos saben.

La vida en cada una de sus etapas es preciosa en el diseño de Dios. Tenemos que ayudar a nuestros vecinos a comprender que este aspecto de la visión cristiana del mundo, el convencimiento de que toda la vida es sagrada, proporciona la única defensa para los más débiles entre nosotros. Si, como yo creo, el carácter de una sociedad es juzgado de última por la manera en que cuida a los pobres y débiles, ¿qué es lo que el regreso de la eugenesia nos dice acerca de nuestra nación?

Pero nuestro mayor servicio como cristianos es hacer lo que mejor hacemos, o sea, plantear argumentos de trascendencia moral. Jamás podemos justificar el sacrificio de una persona por el bien de muchos. A menudo, el mal se disfraza de bien; las peores atrocidades se llevan a cabo aludiendo propósitos humanitarios. Y tenemos que empujar la lógica del argumento utilitarista hasta sus últimas conclusiones: el sacrificar a una persona para beneficiar a todos pronto hace que todos seamos vulnerables.

Los cristianos tienen que hacer algo más que afirmar la verdad de que la vida comienza en el momento de la concepción. Esto es algo que la gente descarta como un dogma arbitrario y pasado de moda. Tenemos además que plantearnos la pregunta que se hace Lewis en *The Abolition of Man* [La abolición del hombre]: ¿qué significado tiene realmente el que nos instituyamos como los dueños y señores del destino futuro de la raza humana?

La respuesta de Lewis es que si el hombre con toda su tecnología conquista completamente la naturaleza, pronto se dará cuenta de que la naturaleza lo ha conquistado a él. "Si el hombre elige tratarse a sí mismo como materia prima, materia prima será"[21], manipulado por acondicionadores deshumanizados.

El siglo veinte será recordado por el triunfo de la democracia liberal sobre la tiranía. Qué trágica ironía si el siglo veintiuno, al intercambiar la verdad moral trascendente por el frío cálculo del utilitarismo, nos conduce a una nueva forma de tiranía aún más aterradora.

Voy a cerrar este capítulo con un relato que tendría que inspirar a aquellos de nosotros que tendemos a pensar que la ruptura ética actual en la ciencia y la medicina es algo demasiado grande como para ser confrontado por una sola persona.

Cuando encontré mi asiento en la ornamentada Sala Este de la Casa Blanca, me asaltaron los recuerdos. Yo había estado en esa sala cientos de veces durante mis años de servicio junto al presidente Nixon. Hoy, yo estaba allí por razones muy diferentes: para escuchar hablar al presidente George W. Bush sobre la clonación de seres humanos.

Confieso que yo ya estaba un poco cansado. Pensaba que los Estados Unidos se habían convertido en un país tan poscristiano, que nunca más volvería a escuchar a un presidente norteamericano explícitamente aceptando las enseñanzas cristianas sobre un asunto moral profundo. El presidente Bush me demostró que yo estaba equivocado y, en el proceso, recibí un maravilloso ejemplo de la soberanía de Dios. De pie frente al podio, rodeado por gente en sillas de ruedas, el presidente Bush describió los grandes adelantos en la medicina: el descifrar el código genético y las potenciales victorias sobre enfermedades muy temidas. Pero luego vino una advertencia: "Al buscar mejorar la vida humana," dijo, "tenemos que siempre preservar la dignidad humana. Los adelantos en la tecnología médica no deben ser alcanzados jamás a expensas de la conciencia humana. Al buscar lo que es posible, también tenemos que buscar lo que es correcto, y no debemos olvidar que hasta los fines más nobles no justifican los medios."

Cuando lo escuché, se me erizó la piel, y no fue sólo por las palabras de inspiración del presidente. Del otro lado del pasillo divisé al especialista en ética Nigel Cameron, a quien yo había conocido veinte años atrás cuando recién había obtenido su doctorado y estaba a cargo de un centro de estudios en Escocia. Nos hicimos amigos, y pronto descubrí su intenso interés en la bioética.

En esa época, pocas personas siquiera sabían lo que quería decir esa palabra y pocos pensaban en la ingeniería genética o la clonación. Para los activistas, el aborto era el asunto principal. Una noche, tomando café en Edimburgo, Nigel me dijo que la bioética iba a emerger como el tema moral del nuevo milenio. Estaba tan seguro de ello que ayudó a fundar la primera revista de bioética del mundo, la cual comenzó a despertar al mundo cristiano. Nigel era como un centinela en un puesto de avanzada, detectando el verdadero enemigo: la perspectiva de una tecnología liberada de todo freno moral.

Dieciocho meses antes del discurso del presidente, Nigel había asumido el cargo de decano del ministerio global de la Confraternidad Carcelaria. De inmediato, emprendió la tarea de construir, en colaboración con el senador republicano de Kansas, Sam Brownback, el diputado republicano de Florida, Dave Weldon y otros, una coalición de amplia base. Recorriendo la Sala Este con la mirada, me di cuenta de que muchos de los invitados estaban allí gracias a los esfuerzos de Nigel.

A lo largo de los años, Nigel debe haber sufrido muchas frustraciones, preguntándose si realmente valía la pena discutir un tema que les resultaba tan remoto a muchos. Pero allí estaba ese día escuchando al hombre más poderoso del mundo articulando, a la manera de un teólogo moral, el caso por el que había luchado durante tanto tiempo.

Mi mirada cayó sobre otra invitada: Joni Eareckson Tada. Siendo adolescente, Joni se zambulló en las aguas poco profundas de la Bahía de Chesapeake, fracturándose trágicamente el cuello. Condenada a una vida de cuadriplejia en una silla de ruedas, Joni podría haberse pasado la vida sintiendo lástima por sí misma. En cambio, Joni es una de las personas más alegres que conozco.

Cuando el presidente Bush terminó de hablar, se bajó del podio, abrazó a Joni y le dio un beso. En ese momento, me di cuenta de que la sola razón por la que Dios podría haber permitido la tragedia de Joni era para este momento de testimonio, no sólo para el presidente, si no para todo el mundo. Joni es el contrapunto cristiano de Christopher Reeve y otros famosos que plantean argumentos emocionalmente atractivos pero peligrosamente utilitaristas a favor de la clonación humana. Joni se opone a tomar la vida humana para la investigación médica, aun cuando pudiera llevar al alivio de su sufrimiento. Ella entiende que el aborto, la eutanasia, la clonación y la investigación de las células madre embrionarias están todos relacionados a una gran pregunta: ¿qué significa ser humano?

Esa hora en la Casa Blanca nos proporciona una dramática respuesta a dos preguntas que nos planteamos con frecuencia. La primera es el eterno desafío: cómo es posible que un Dios amoroso tolere semejante sufrimiento. Por cierto, hay pecado y sufrimiento en nuestro mundo caído, y nosotros somos los responsables. Pero como lo prueban la vida y el testimonio de Joni, Dios redime dicho sufrimiento.

La segunda pregunta es la que escucho con cada vez mayor frecuencia en nuestra cultura poscristiana: ¿qué diferencia puede aportar una sola persona? Los problemas son enormes; nos sentimos impotentes. Por lo tanto, no hacemos nada.

Esa respuesta evade el problema. Nigel no pensó de esa manera, ni tampoco lo hizo Joni. Ellos perseveraron, confiados en que un Dios soberano los usaría, como así lo hizo. Ellos nos recuerdan que Dios nos coloca a cada uno de nosotros en un momento y lugar en particular con un propósito preciso. Tenemos que fortalecer nuestro empeño, no importa cuáles sean los obstáculos, para satisfacer ese propósito en un mundo caído.

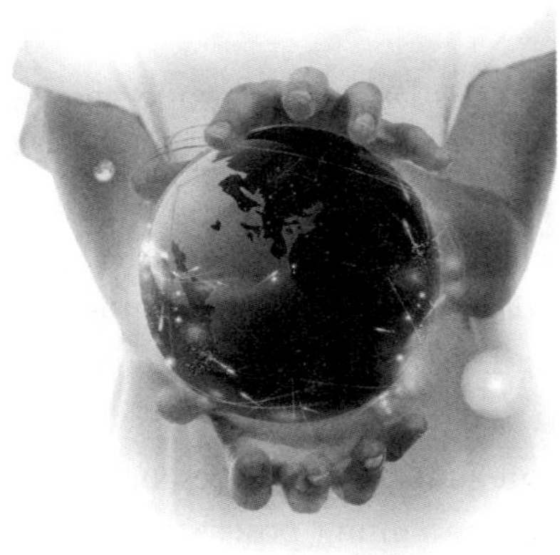

8
CÓMO RESISTIR LA TIRANÍA DE LOS TRIBUNALES

Las columnas de mármol del edificio de la Corte Suprema se erguían imperiosamente del otro lado de la calle del Capitolio de los Estados Unidos, como si esas dos ramas del gobierno se estuvieran mirando fijamente, tanto mejor para mantener el equilibrio del poder[22].

Pero en el verano de 1997, la Corte Suprema de los Estados Unidos, así como algunos tribunales de distrito de los Estados Unidos y diversas cortes supremas estatales, comenzaron a ladear precariamente el equilibrio. En este capítulo, voy a ocuparme de tres veredictos que fueron presentados en las últimas dos décadas que demuestran claramente que los tribunales intentan asumir más poder que lo que otorga la Constitución. Lo que me preocupa particularmente es la forma en que asumen el poder para determinar, acorde a sus propios términos, los límites de la libertad religiosa. Estas decisiones, comenzando en los 90, abrieron las compuertas para una cantidad de leyes, fallos y acciones gubernamentales que han afectado adversamente el libre ejercicio de la religión en nuestro país. Si no se revierte esa tendencia, creo que corre peligro el futuro de la libertad religiosa en los Estados Unidos.

BOERNE VERSUS FLORES

La primera de estas decisiones fue el fallo de 1997 de la Corte Suprema en el caso de *Boerne versus Flores*. Este caso involucraba una iglesia que le había entablado juicio a la ciudad de Boerne,

Texas, por negarse a permitir la ampliación de su edificio para dar cabida a una congregación en crecimiento. La negación de la ciudad se basaba en el hecho de que el edificio de la iglesia había sido designado como sitio histórico y, por lo tanto, tenía que ser preservado en su estado original. Con su decisión en este caso, la Corte generó un peligroso desequilibrio, precipitando lo que podría convertirse en la mayor crisis constitucional de nuestra era.

El asunto principal en *Boerne* era la cláusula de "libre ejercicio" de la Primera Enmienda. Durante unos treinta y cinco años, la Corte había sostenido que la práctica religiosa sólo podía ser restringida si el estado demostraba que existía un "interés imperioso del estado" (por ejemplo: la protección de la salud o seguridad públicas). Pero en *Employment Division versus Smith* (1990) la Corte dejó atrás la prueba del "interés imperioso", rebajando la religión al nivel de las preferencias personales. El Congreso respondió con la Ley de Restauración de Libertades Religiosas (RFRA, *por sus siglas en inglés*), restaurando así la prueba del "interés imperioso". Y en *Boerne*, la Corte tomó represalias, derribando a la RFRA.

Este "ojo por ojo" sin precedentes dio origen a dos asuntos fundamentales. Primero, una vez más, las libertades religiosas eran vulnerables. En el ínterin entre *Smith* y la RFRA, un jefe de bomberos amenazó con multar a personas que estaban celebrando la Nochebuena por llevar velas sacramentales; un condado de Illinois les prohibió a los judíos ortodoxos cubrirse la cabeza con una kipá en las salas de justicia; y una ordenanza de Maryland le indicó a un hospital católico que tenía que capacitar a sus médicos practicantes para que llevaran a cabo abortos. Bajo *Boerne*, tales violaciones de las libertades religiosas comenzaron de nuevo. En Texas, se les prohibió a los alumnos de las escuelas católicas a exhibir rosarios colgados de su cuello y en Los Ángeles, una congregación judía ortodoxa fue expulsada de un vecindario en el que se había congregado durante dos décadas.

Pero *Boerne* también planteó una profunda cuestión constitucional: ¿quién es el que determina lo que quiere decir la Constitución? La RFRA se había basado en la Catorceava Enmienda, que le otorga al Congreso el poder de promulgar una legislación que haga cumplir los derechos constitucionales: aplicándolos, interpretándolos o modificándolos. Pero la Corte argumentó que la RFRA hizo más que obligar el cumplimiento de los derechos: ella expandió un derecho. El Congreso no tiene poder alguno para "decretar la sustancia" de un derecho constitucional, bufó la mayoría. Es la prerrogativa de la magistratura definir qué es lo que quiere decir la Constitución.

Pero esto fue pura fanfarronada. Al contrario de lo que piensa la mayoría de los americanos, la Constitución no le otorga a la Corte Suprema la última palabra con respecto a los asuntos constitucionales. Y los Fundadores resistieron la idea. Si les damos a los "jueces el derecho de decidir qué leyes son constitucionales", advirtió Jefferson, ellos se convertirán en "déspotas."

Fue en 1803, en *Madbury versus Madison*, que la Corte asumió el poder de la revisión judicial. Aun así, tres presidentes han resistido las órdenes de la Corte: Thomas Jefferson se negó a ejecutar la Ley de Imposición Extranjera; Jackson desdeñó una orden de la Corte en un caso bancario; Lincoln rechazó la decisión de Dred Scott.

Lincoln incluso le pidió al Congreso que desautorizara a la Corte, lo cual hizo, aprobando una ley que revirtió a Dred Scott (1862). De la misma manera, el Congreso rechazó las decisiones de la Corte relacionadas con el trabajo infantil (1938), la prohibición que los judíos ortodoxos en la Fuerzas Aéreas usaran kipás (1986) y exigiendo a los Amish a pagar impuestos de la Seguridad Social (1988). La demanda de la Corte de un derecho exclusivo de interpretar la Constitución no tiene base legal ni histórica.

Peor aún, es un ataque a la noción misma de autogobierno. El ideal clásico de la libertad es que la gente se gobierne a sí misma, redactando sus propias leyes y, por lo tanto, siendo gobernadas por su propia visión de un buen orden social. Para citar de "Nosotros sostenemos estas verdades", una declaración firmada por cuarenta y dos líderes cristianos (incluyéndome a mí) el 4 de julio de 1997, "Nuestra nación fue constituida por el convenio de que 'nosotros, el pueblo', mediante las instituciones representativas del gobierno republicano, deliberaríamos y decidiríamos cómo tendríamos que ordenar nuestra vida juntos."

En *Boerne*, la Corte con miopía defendió su propio terreno a expensas de los principios democráticos. Si hubo jamás un ejemplo de la gente decidiendo en conjunto, fue la RFRA. La ley obtuvo un amplio apoyo popular, siendo aprobada de manera unánime en la Cámara de Diputados y con sólo tres votos en contra en el Senado. Pero no importa. La Corte simplemente barrió el consenso nacional.

DALE VERSUS BOY SCOUTS OF AMERICA

En una pasmosa decisión tomada en 1999, la Corte Suprema de Nueva Jersey dictaminó en contra de los Boy Scouts por expulsar a un jefe de grupo homosexual.

El caso involucraba al jefe asistente de grupo, James Dale, que fue despedido después de que un periódico lo identificó como el copresidente de la Alianza Gay/Lesbiana de la Universidad Rutger. Dale los demandó y, en *Dale versus Boy Scouts of America*, la Corte falló con unanimidad a su favor.

No deberíamos leer la decisión meramente como un ataque al movimiento de los Scouts. Lo que lo convirtió en algo tan pernicioso fue su razonamiento. Efectivamente borró la distinción entre las organizaciones privadas y públicas, lo cual podría potencialmente afectar a todos los demás grupos privados, con devastadoras consecuencias para los ministerios cristianos y sin fines de lucro de todo el país. Otras decisiones más tempranas en otros estados habían afirmado el derecho de los Boy Scouts de definir los requisitos de su misión y membresía como organización privada. Pero esta vez, la Corte falló que el grupo era un "centro público", tal como son los restaurantes, hoteles o grandes tiendas y, por lo tanto, estaba sujeta a las leyes estatales de antidiscriminación.

El razonamiento de la Corte era que el movimiento de los Scouts es tan grande y recluta tan ampliamente que no son lo suficientemente "selectivos" como para calificar como grupo privado. (No importa que los programas del movimiento de los Scouts estén disponibles sólo para los niños varones, ciertas edades únicamente y sólo para los que están dispuestos a acatar sus leyes.) Además, la Corte notó que algunas de las unidades de los Scouts estaban respaldadas por grupos gubernamentales locales como los cuarteles de bomberos y las agencias policiales.

Sin embargo, según este razonamiento todo grupo grande que reclute ampliamente y que trabaje estrechamente con agencias gubernamentales podría ser reclasificado como un "centro público" que podría incluir a ministerios cristianos, hospitales, obras de beneficencia, universidades, incluso iglesias. Por ejemplo, en la Confraternidad Carcelaria tenemos una "relación estrecha" con el gobierno para poder llegar a la gente que servimos: los prisioneros. Y sí, extendemos invitaciones a uno y a todos. ¿Nos convierte esto en un "alojamiento público", otorgándole al estado el derecho de dictaminar a quién podemos contratar y a quién no?

Pero el razonamiento de la Corte es todavía peor. Rechaza de plano la postura moral del movimiento de los Scouts contra la homosexualidad, desechándolo como "algo más que un prejuicio". En una opinión concurrente, el juez Alan Handler renunció al "estereotipo" de que los "homosexuales eran inherentemente inmorales". En pocas palabras, los tribunales asumen el derecho de decidir no sólo lo que es legal, sino también qué es lo que califica como moral e inmoral.

Esto representa un asombroso alejamiento de los casos previos, como el fallo de 1995 de la Corte Suprema de los Estados Unidos contra los grupos homosexuales que deseaban marchar en el desfile del Día de San Patricio en Boston. Allí, la Corte sostuvo que el estado no puede "violar el mensaje [de un grupo]" obligándolo a incluir a aquellos cuyas creencias son diametralmente opuestas a las suyas. Pero en *Dade*, los jueces sintieron la libertad de pisotear el mensaje de los Scouts.

Lo peor de todo es que la Corte esencialmente decidió que podría incluso decirle a un grupo cuál debía ser su mensaje. La Corte argumentó que el Juramento de los Scouts que incluía la promesa de "mantenerme.. moralmente recto", no implicaba la oposición moral a la homosexualidad, a pesar de que los Scouts lo habían tradicionalmente interpretado de esa manera. El juez Handler insistió incluso que el aceptar a los homosexuales no se opone a la adherencia de los Boy Scouts a los "valores morales tradicionales". En pocas palabras, la Corte asumió el derecho de interpretar el significado de la declaración de objetivos de los Scouts de una manera completamente opuesta a la interpretación de los propios Scouts.

Esto configura un precedente horripilante. "El gobierno no es el que debe decidir cuál es el supremo significado e implementación de los credos de los Boy Scouts," escribió Mark Tooley del Instituto de Religión y Democracia. Porque si un gobierno les puede decir a los grupos privados qué significan "realmente" sus propios credos, ¿qué impediría que ellos les dijeran a los ministerios e iglesias cristianas lo que sus credos "realmente" significan, aun cuando fuera contrario a la manera en que esos credos han sido interpretados tradicionalmente?

En el verano de 2000, la Corte Suprema de los Estados Unidos revirtió la decisión de la corte de Nueva Jersey y falló a favor de los BSA por una decisión alcanzada con un escaso margen de 5 a 4. La decisión fue acompañada por un fuerte disentimiento oral del juez John Paul Stevens, que dijo: "Toda ley estatal que prohíba la discriminación está diseñada a reemplazar los prejuicios con principios." Además afirmó que la exclusión de los Boy Scouts de miembros gay no cuadraba con sus principios fundadores. Notó que los Boy Scouts buscaban preparar a la gente joven "para tomar decisiones éticas a lo largo de su vida para alcanzar su máximo potencial" y ser "moralmente rectos" y "limpios". De la manera en que el Manual de los Boy Scouts define estos términos, el juez Stevens dijo: "Es tan claro como la luz del día que ninguno de estos principios, 'moralmente rectos' y 'limpios', expresa lo más mínimo sobre la homosexualidad. Por cierto, ninguno de los términos en las Leyes y Juramentos de los Boy Scouts expresan ninguna postura sobre asuntos sexuales.[23]

Aparentemente, el juez Stevens y sus tres compañeros disidentes estaban usando la misma lógica que habían aplicado en un caso previo, *Romer versus Evans* (1996), cuando la Corte decretó que la oposición de los votantes de Colorado a derechos civiles especiales para los homosexuales había sido motivada por "intolerancia". Como en *Dale*, los jueces no alcanzaron a reconocer la validez de la preocupación moral sobre la homosexualidad, relegándola a un mero prejuicio.

El fallo por un escaso margen a favor de los Boy Scouts en *Dale versus BSA* no salvó a los Scouts de un subsiguiente fallo negativo en un asunto muy parecido. En *Boy Scouts of America versus Wyman,* la interventora del estado de Connecticut, Nancy Wyman, excluyó a los Boy Scouts de la Campaña de Empleados del Estado de Connecticut, un programa de beneficencia en el que los Scouts habían participado durante treinta años. La razón de su exclusión fue que los Boy Scouts violaron las leyes de antidiscriminación de

Connecticut excluyendo a los homosexuales de su participación en el liderazgo de la organización. Los Scouts perdieron el caso tanto en los tribunales como en la apelación y, en la primavera de 2004, la Corte Suprema de los Estados Unidos se negó a reconsiderar el fallo.[24]

A.U.S.C. VERSUS EL MINISTERIO DE LA CONFRATERNIDAD CARCELARIA

Según un crítico, la creencia sostenida por los evangélicos y la Confraternidad Carcelaria (PF, *por sus siglas en inglés)* en la "muerte sustituta y expiatoria de Jesús" refleja "una comprensión legalista del sacrificio de Jesús que no es compartida por muchos cristianos". Y ni que hablar entonces del dogma central de todo credo histórico y confesión de la iglesia cristiana.

¿Dónde estaba esta crítica? ¿En el *New York Times*? No, fue la investigación del juez de distrito de los Estados Unidos Robert Pratt cuando resolvió el 2 de junio de 2006 el juicio que le hicieron los *Americans United for Separation of Church and State* [Americanos unidos para la separación de la iglesia y el estado] a PF. El juez declaró que la *InnerChange Freedom Initiative* [Iniciativa de libertad de cambio interior) de Iowa, un programa iniciado por PF, era inconstitucional.

Sorprendentemente, el juez dedicó una docena de páginas a analizar la fe evangélica y la declaración de fe de PF, aparentemente decidido a separar a los evangélicos de los demás cristianos. La fe evangélica, escribió, es "muy distinta de las otras fe que se describen a sí mismas como cristianas, tales como el catolicismo romano, el mormonismo y la ortodoxia griega". Es también "distinta de las demás... denominaciones cristianas, tales como la luterana, metodista unida, episcopal y presbiteriana".

El cristianismo evangélico, descubrió, tiende a estar "en contra de los sacramentos", restándole importancia al "bautismo, santa comunión o Eucaristía, matrimonio y ordenación" como "maneras apropiadas de interactuar o reunirse con Dios". (La acusación de restarle importancia al bautismo sorprendería a mis veinte millones de hermanos bautistas). Para resumir: los evangélicos son una secta marginada inherentemente discriminatoria, coercitiva y antagónica de los demás cristianos.

Irónicamente, apenas unos pocos días después de la decisión del juez, la Comisión para la Seguridad y Acoso en las Prisiones de los Estados Unidos informó sobre la necesidad desesperada en las prisiones de "programas altamente estructurados que reducen la mala conducta en las instalaciones carcelarias y reducen los índices de reincidencia después de la liberación".

Eso es precisamente lo que hizo *InnerChange*. Ella tenía un probado historial de rehabilitación: 8 por ciento de reincidencia para los graduados, según un estudio de la Universidad de Pennsylvania de un programa similar en Texas. Esto se compara con más de un 60 por ciento de reincidencia en todo el país. La comisión entiende la urgencia de estos programas porque, en una año cualquiera, se liberan más de 600.000 prisioneros. En menos de tres años, más de dos tercios son arrestados nuevamente.

Por malo que fuera que el juez diera la orden de cancelar un programa que había probado ser exitoso, poniendo en peligro a miles de programas basados en la fe, peor aún fue el hecho de que extendió el precedente de la Corte Suprema en *Lemon versus Kurtzman*. (En *Lemon versus Kurtzman*, la Corte Suprema anuló una ley de Pennsylvania que permitía que el estado reembolsara a los colegios privados por libros sobre temas seculares y un porcentaje de los salarios de los maestros en esos colegios que enseñaban temas seculares.)

Una cuidadosa lectura de su opinión lleva a la conclusión de que aun cuando los fondos estatales no están involucrados, cualquier cooperación gubernamental cercana con grupos "penetrantemente sectarios" es inconstitucional. Dicha norma tan amplia podría aplicarse fácilmente a los cultos de iglesia o eventos de evangelización no sólo en las prisiones, sino también en hospitales, bases militares o cualquier instalación gubernamental.

Pero la pregunta más alarmante es por qué eligió el juez escribir un análisis psicológico de la fe evangélica: algo que jamás he visto en un caso. ¿Y por qué caracterizó tan erróneamente a los evangélicos como una secta marginal? Después de todo, conformamos entre el 33 y 40 por ciento de la población de los Estados Unidos, provenientes de veintenas de denominaciones, incluyendo muchos millones de católicos.

Sea cual sea la razón, al distinguir a los evangélicos de todos los demás grupos cristianos, el juez Pratt apoyó su fallo de que discriminamos y coaccionamos conversiones, a pesar del hecho de que cada preso que prestó testimonio en el juicio negó toda coacción. *InnerChange* es voluntaria. Los presos pueden retirarse cuando así lo deseen. Muchos de los participantes no son cristianos. El fallo del juez Pratt sobrevivió la apelación, enclaustrando en la ley federal la definición de los evangélicos como una minoría estrecha y malvada. Este fallo puede ser citado ahora en casos en los que el pastor denuncia públicamente la homosexualidad o realiza una oración en el nombre de Jesús en edificios públicos. ¿Qué va a impedir que un tribunal decida qué es y qué no es teología legítima, según las normas que están más de moda y son más correctas políticamente?

NUESTROS TRIBUNALES SE PASAN DE LA RAYA

La primera línea de disuasión contra la creciente tiranía de los tribunales que exceden es el Congreso de los Estados Unidos. A menos que el Congreso resista la creciente expansión de poder de los tribunales, él se verá reducido al rol de un policía de tránsito, meramente creando leyes de procedimiento para hacer cumplir lo que dicen los tribunales. Y los Estados Unidos se van a convertir en lo que el profesor de Harvard Michael Sandel llama una "república de procedimiento", donde nuestras leyes ya no reflejan un consenso moral sino que consisten meramente en reglas pragmáticas para controlar el cuerpo político.

Si se le niega a la rama representativa del gobierno el derecho a reflejar la visión moral de la gente en leyes sustantivas, los apuntalamientos morales esenciales a toda sociedad libre se verán erosionados.

Ha llegado el momento de reivindicar el derecho de la gente, actuando a través de sus representantes, a tener una voz para determinar el significado de nuestra ley fundamental. Esto significa, por un lado, cuidarnos de votar a representantes que estén dispuestos a desafiar a los tribunales con leyes necesarias. Significa también elegir gobernadores y presidentes que nombren magistrados y jueces que hayan demostrado un firme compromiso con la Constitución y los derechos que ella les otorga a los ciudadanos libres, en especial a aquellos cuyos derechos conciernen el libre ejercicio de la religión y la palabra.

La iglesia sólo puede ofrecer una genuina alternativa al cada vez mayor secularismo de la nación si mantiene su libertad de predicar su propio mensaje distintivo, que no haya sido encadenado a un programa políticamente correcto por parte de los jueces activistas. A medida que cambian las tendencias culturales y la gente busca respuestas espirituales, sería trágico que los tribunales fueran la mayor piedra de tropiezo en su camino.

Tengo la esperanza de que habrá un clamor de los cristianos contra las decisiones de los tribunales que menosprecian a los evangélicos y restringen la libertad religiosa. Los tribunales no son siempre indiferentes a las actitudes públicas, como hemos visto en el caso del suicidio asistido en 1997 (*Washington versus Glucksberg*). Tenemos que apelar y luchar las decisiones de estos representantes. Pero, entretanto, los evangélicos tenemos que hacer un serio examen del alma. Porque las opiniones de los diversos jueces relatadas en este capítulo son sólo el reflejo de cuántos nos ven como fanáticos y coactivos.

La pregunta más importante es: ¿caemos en los estereotipos o reflejamos nuestra rica herencia de abolición de la trata de esclavos, defensa de los derechos humanos y creación de hospitales? Estos y otros casos subsiguientes presentan un reto a definir y defender la fe evangélica, tanto frente al banquillo de la opinión pública como frente al banquillo de la justicia.

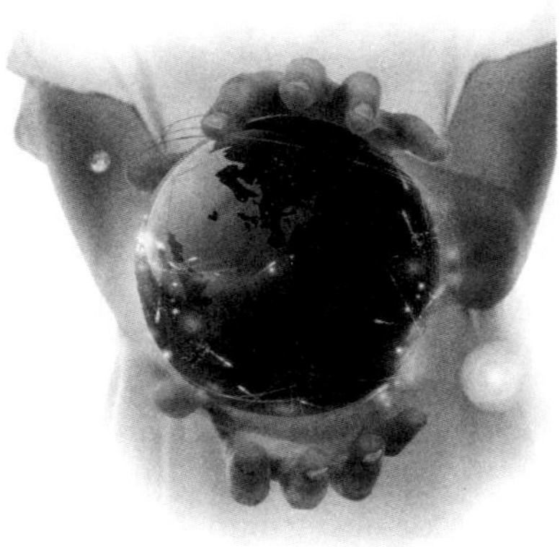

9
EL VALOR DEL GOBIERNO VIRTUOSO

El descalabro de los préstamos *subprime* (*dirigidos a clientes de bajos recursos o con un historial de crédito deficiente, caracterizados por cobrar elevados intereses)* ha sacudido los mercados financieros de todo el mundo; es la crisis más profunda desde la Gran Depresión[1]. Millones de personas han perdido sus hogares por ejecuciones; la tasa de desempleo trepó a un 5.7 por ciento en agosto de 2008 para rondar cerca de un 10 por ciento a principios de 2011. Las grandes instituciones de Wall Street han colapsado, hundiendo el índice Dow Jones y sumiendo a los mercados mundiales en el caos. Los gobiernos del mundo occidental han inyectado enormes cantidades de capitales en sus bancos.

No hay duda de que el gobierno es responsable en gran parte de este caos financiero: el Congreso fue terriblemente irresponsable, explotando a Fannie Mae y Freddie Mac para empleos patrocinados de múltiples millones de dólares y obligándolos a otorgar hipotecas dudosas a personas no calificadas. Ahora estas agencias, que se convirtieron en privadas en los años 60, después de haber sido lanzadas por el gobierno federal en los 30, están bajo la custodia de la Agencia Federal de Finanzas de Vivienda (*Federal Housing Finance Agency*). De modo que se necesita desesperadamente una reforma (si tan sólo el Congreso se reformara a sí mismo).

Como resultado de estos evidentes ejemplos de irresponsabilidad del Congreso, el público ha perdido su confianza en el gobierno. A fines de 2010, una encuesta de Rasmussen mostró que el índice de aprobación del Congreso se había desplomado a un

13 por ciento[2]. Nuestro actual descalabro financiero, por preocupante que sea, es sólo una de las razones por las cuales el público ha perdido su confianza en Washington. El espacio no nos permite analizarlas todas, pero es educativo mirar brevemente algunas de las que figuran en un lugar destacado en la mente del público.

POLÍTICAS PARA SATISFACER EL GUSTO POPULAR

Hoy día, la retórica de las campañas evita escrupulosamente los temas más importantes, y la dependencia cada vez mayor de los candidatos de las encuestas y de los grupos de enfoque asfixia el debate genuino. Pero la mayor preocupación es que dichas elecciones movilizadas por las encuestas amenazan cambiar la naturaleza del gobierno transformándolo de un republicanismo de debates a un consumismo pasivo.

Las promesas de las campañas presidenciales son una venerable tradición americana, pero ahora se han convertido en la campaña misma. Típicamente, los candidatos debaten quién puede microgestionar mejor la educación, cómo hacer que los contribuyentes impositivos paguen por los bienes y servicios de los demás, qué clase de ficción contable puede resguardar mejor la Seguridad Social, y qué plan impositivo va a beneficiar a quién. Los temas graves como la defensa de misiles, el comercio internacional, las cuestiones relacionadas con la vida humana, el rol de los tribunales, los derechos humanos, y las "uniones civiles" apenas se atienden de pasada. Los perfiles de la tecnología informática afectan a los votantes indecisos en los estados donde se libran batallas, de modo que los mensajes de la campaña eligen cuidadosamente su blanco.

Uno podría pensar que las campañas impulsadas por las encuestas son la forma más depurada de democracia, pero es el sistema que los Fundadores más temían. Ellos eligieron un sistema *representativo*: una república, no una democracia. Ellos tenían la visión de un gobierno de la mayoría que fuera moderado por un proceso deliberativo. Dicho sistema presupone que los representantes tienen el carácter necesario para elevarse por encima de las pasiones del público y hacer lo correcto. Por ejemplo, cuando Abraham Lincoln y Stephen Douglas sostenían sus debates, ellos no estaban a la pesca de votos entre la masa del pueblo. Ambos estaban debatiendo porque era necesario emitir los problemas, y la gente se agolpaba para escucharlos.

Hasta 1913, los senadores de los Estados Unidos eran elegidos por las legislaturas estatales. Luego, la decimoséptima Enmienda hizo que fueran elegidos directamente por el pueblo, convirtiéndolos por ende en representantes con mandatos más prolongados y egos más henchidos. ¿Acaso fue esta una victoria para la democracia popular? Es posible. Pero uno se pregunta si no es más que una coincidencia que después de 1913, el gobierno federal comenzara a expandirse dramáticamente a costa de los estados.

Los manifiestos esfuerzos por satisfacer el gusto popular de los candidatos políticos actuales claramente demuestran que nuestras raíces bíblicas y republicanas se están marchitando. Una generación atrás, yo estaba sentado al lado de un presidente tratando de ponerle fin a una guerra impopular de manera honorable. Durante cuatro años, él tuvo que ir contra las encuestas. ¿Qué esperanza hay que los políticos actuales lo hagan? ¿Cómo puede un presidente impulsado por las encuestas convocar al electorado a las cargas comunes de la ciudadanía ,y mucho menos aún, a esfuerzos heroicos?

Hemos elegido nuestros últimos presidentes, no porque nos persuadieran acerca de los temas importantes, sino porque nos prometieron la transferencia de riquezas a distritos electorales clave y porque no presentaban casi ninguna amenaza al confort de todos los demás. Esto me hace pensar en la escena del "Gran Inquisidor" en *Los hermanos Karamazov* de Dostoievski. El Inquisidor, el diablo encarnado, le dice al Cristo que ha regresado que se vaya porque la gente no desea lo que él está ofreciendo. Ellos desean pan, la satisfacción de sus apetitos más bajos. Si el debate político ha de ser elevado en los Estados Unidos, los cristianos tendrán que insistir que el pan solamente no satisface al hombre natural, mucho menos aún al hombre espiritual.

LA EPIDEMIA DEL DINERO DESTINADO A ALGO EN PARTICULAR

En los cincuenta años que he estado en Washington, jamás he visto el poder que los grupos de intereses especiales tienen ahora sobre nuestro sistema político.

En Fairmont, West Virginia, han construido un nuevo Instituto para la investigación científica en lo que solía ser una pradera. Este "centro de investigación" que les costó $103 millones a los contribuyentes, hace alarde de tener una piscina, un sauna y un spa. Está casi vacío y probablemente siga así. Un miembro de alto nivel del Congreso que consiguió los fondos a escondidas para convertirlo en ley está bajo investigación.

Luego está la ciudad turística en Florida llamada Treasure Island (Isla del Tesoro), que deseaba $15 millones para reconstruir un puente casi derrumbado. Los funcionarios municipales contrataron a un cabildero amigo de un congresista de Florida, que luego fue presidente del comité de gastos. El congresista entregó fondos especiales, no por $15 millones, sino por $50 millones. Claramente, la verdadera isla del tesoro es la calle K de Washington, donde trabajan los cabilderos: 4.000 de ellos, según el reportero John Fund.

Como el instituto para la investigación científica, el puente de Treasure Island fue financiado con fondos destinados. Los miembros del Congreso agregan estos gastos, que circunvalan el proceso presupuestario y obtiene aprobación sin ningún debate. Desde 2005, el costo de los fondos destinados les han costado $142.5 billones de dólares a los contribuyentes. Muchos tienen una triste fama, como el "puente hacia ninguna parte" de Alaska.

Los fondos destinados se han convertido en una epidemia. Lo mismo ocurre con los cabilderos. Para las comunidades, la policía y los bomberos, los cabilderos valen su peso en oro. Por ejemplo, en el término de un año, la ciudad de Portland, Oregón, gastó $1.2 millones en cabilderos y recibió $94 millones en fondos destinados: una ganancia nada despreciable.

Los poderosos intereses especiales se han convertido, en efecto, en una cuarta rama del gobierno, distribuyendo la generosidad del gobierno. La tragedia no es sólo que se malgastan miles de millones de dólares, sino que se desvirtúa la prioridad del gobierno. Muchos legisladores ven que su tarea es satisfacer el gusto de los grupos de presión más que promover el bien común.

La idea de promover el bien común era de suma importancia para los padres fundadores de la nación. En el "Federalist Paper No. 10", James Madison identifica la pregunta clave para toda sociedad: ¿cómo garantizamos que las facciones privadas no socaven el bien público?

"Por facción, entiendo un número de ciudadanos... que está unido y que actúa por algún impulso común de pasiones, o de intereses, adversos a los derechos de otros ciudadanos o a los intereses totales y permanentes de la comunidad", escribió Madison.

Los fundadores incluyeron mecanismos de control y equilibrio de poderes en la Constitución, como escribió Madison, para "enfrentar las ambiciones a las ambiciones y hacer que le sea imposible a cualquier elemento del gobierno obtener poderes sin obstáculos". Esto es precisamente lo que vemos en los dineros destinados a algo en particular.

Madison se hizo eco de los grandes filósofos del mundo occidental a lo largo de la historia. Aristóteles creía que los individuos que actuaban virtuosamente y el gobierno que suministraba un ambiente estable para sus ciudadanos servían el bien común. Agustín definió el bien común como armonía entre los ciudadanos, así como entre el gobierno y la gente. "El bien común del estado no puede florecer a menos que los ciudadanos sean virtuosos, al menos aquellos cuya tarea es la de gobernar", escribió Aquino más adelante.

Hoy día, los cabilderos y políticos han reemplazado la pregunta de cómo promover el bien común con otra pregunta: "¿Qué saco yo de provecho de todo esto?"

LAS RAÍCES DE LA DISFUNCIÓN DEL GOBIERNO

Este derrumbe de la virtud y la ética en el gobierno es el resultado directo del relativismo moderno, la pérdida de un consenso moral general y su reemplazo por opciones privadas. Sin algunas normas acordadas por el público, las sociedades se pulverizan en miles de facciones ideológicas. Todas ellas luchan por sus propios intereses particulares. La decisión de *Planned Parenthood versus Casey* (1992) expresó la filosofía subyacente: todos tienen el "derecho a definir su propio concepto de existencia, de significado, del universo y del misterio de la vida humana".

Con ese criterio, ¿cómo podremos jamás ponernos de acuerdo sobre cuál es el bien común? Con razón la gente ve al gobierno como el distribuidor de bienes. La calle K es la corrupción extrema: los que reparten los bienes por un cierto precio.

Para ver cómo generan crisis y caos los fracasos morales y las falsas cosmovisiones que siguen a continuación, volvamos a la crisis crediticia y financiera de 2008.

Las raíces de esa crisis fueron más allá de los errores garrafales políticos, hasta alcanzar Wall Street, la cual inventó un nuevo producto muy inteligente: comprar hipotecas de los bancos, empaquetarlas en valores basados en hipotecas y venderlas. Los banqueros de Wall Street cosecharon un aluvión de dinero, pero la maquinación trasladó el riesgo del banco de préstamos o agente de hipotecas a algún fondo suizo de inversión. Pronto hubo consecuencias no deseadas. Con dinero en efectivo inundando los bancos (lo cual no poseía ningún riesgo), cada sociedad de ahorro y préstamos, cada nueva empresa de Internet, prestamista y agente de hipotecas instaba a la gente a solicitar préstamos pudieran o no pagarlos de vuelta.

El resultado: muchos de los que no tenían dinero suficiente para comprar una casa fueron aceptados. Ellos sabían que podían pagar las tasas reducidas de interés los primeros dos años, y se les garantizó que si no podían pagar las tasas más altas cuando llegara el momento de hacerlo, ellos podían vender su casa, cuyo valor habría supuestamente aumentado. Todo funcionó bien mientras los precios de las casas continuaron subiendo. Pero cuando dejaron de subir, el plan se desplomó.

Los individuos, que han generado de manera colectiva trillones de dólares de deuda y cero en ahorros, comparten gran parte de la culpa: pero nadie acepta la responsabilidad. En octubre de 2008, cuando comenzó la hecatombe, los culpables en el Congreso fingieron estar sorprendidos; el público los inundó con correos electrónicos oponiéndose al rescate, la mitad de ellos (de acuerdo con las encuestas) porque no se sentían responsables. ¡Y después hablan del bien común!

Esta es una dramática evidencia de que la forma en que vemos la vida tiene importancia. La actitud dominante de las últimas décadas dice que no hay verdades morales: que tendríamos que simplemente vivir el momento y sacar el mayor provecho posible de la vida. Este punto de vista ha conducido al caos que estamos experimentando. Por el contrario, el punto de vista cristiano nos enseña a vivir con lo que tenemos, posponer la gratificación y tratar a los demás con respeto. Todos estos son requisitos para sustentar la prosperidad personal y el sistema de libre mercado.

Pero los mercados libres sólo pueden permanecer siendo libres si las personas se comportan de manera responsable y se vigilan a sí mismas. Hoy día, no lo estamos haciendo. Hemos ignorado los frenos morales, rotulándolos incluso de intolerantes.

La crisis financiera fue en realidad una crisis de carácter. Y los contribuyentes hemos quedado atascados con una portentosa deuda y un futuro económico sin ninguna solidez.

La víctima a largo plazo de esta debacle es la libertad. Cuando las sociedades libres abusan de la libertad, el gobierno toma cartas en el asunto. Tras la crisis, el gobierno anunció que, en el futuro, las hipotecas no podían ser otorgada a menos que hubiera un registro escrito comprobando que la persona que solicitaba el préstamo tenía la capacidad de pagarlo. Qué cómico es que ese simple sentido común haya tenido que convertirse en una ley.

Mi oración es que el gobierno recupere el sentido común y le devuelva estabilidad a la economía y responsabilidad al gobierno. Las curitas no alcanzan. Necesitamos una revisión completa de nuestras prioridades nacionales. Pero nosotros los cristianos tenemos una tarea aún más importante. A menos que podamos renovar en nuestra cultura una visión del mundo que aliente la virtud y la responsabilidad, la crisis actual de confianza en el gobierno seguramente va a empeorar.

EL ROL VITAL DE LOS CRISTIANOS

El desempeño del gobierno sólo cambiará si los políticos que descaradamente tratan de satisfacer los gustos de sus electores a cambio del poder quedaran sin trabajo. Los cristianos tendrían que presionar a los legisladores que desean ser reelectos a renunciar a los dineros designados y a tratar de satisfacer los gustos de los distritos electorales y, en cambio, a actuar únicamente basándose en el principio de qué es lo mejor para la gente.

Pero los cristianos también tienen que persuadir a sus semejantes sobre la necesidad de abandonar el "¿En qué me beneficia a mí?" por el "¿Qué les conviene a todos?" y de restaurar un consenso moral común a todos. Porque Aquino correctamente nos recuerda que no es posible ser verdaderamente virtuoso a menos que honremos las necesidades de toda la sociedad.

Los cristianos tenemos influencia política porque millones de americanos comparten nuestras inquietudes morales. Pero eso no puede ser nunca la base de nuestra postura política. En la arena política contendemos por ciertas verdades precisamente porque son verdad y porque esas verdades trascendentes son cruciales para la justicia y libertad públicas.

Nuestro mensaje *no* es: "Te pusimos en el cargo, ahora paga la deuda". Es más bien: "Esto tendría que hacerse porque es lo correcto; es un principio que circunda a todas las sociedades civiles en orden". Tenemos que aclarar que las posturas morales que alentamos no son partisanas; se aplican tanto a demócratas como a republicanos.

Nuestros principios derivan de las Escrituras, pero en una sociedad pluralista tienen que ser traducidos a términos que los no creyentes puedan entender, a un lenguaje que apele al orden moral objetivo reconocido por los sistemas éticos de todas las grandes civilizaciones: lo que C. S. Lewis denominó "el Camino" o "el Tao".

Por ejemplo, cuando trabajamos para cambiar las leyes del aborto, no sólo apelamos a la revelación divina, sino también al deber más fundamental del gobierno: defender a los indefensos. Nuestra nación fue fundada por una generación dispuesta a pelear y morir por el derecho "inalienable" a la vida. Tanto los creyentes cristianos como los deístas de la Ilustración concuerdan sobre cuáles derechos debe proteger el gobierno.

O consideremos el suicidio asistido y la eugenesia. La razón por la que nos oponemos a la legalización es que estas cosas son contrarias al deber fundamental del gobierno reconocido desde nuestra fundación. Como escribe G. K. Chesterton, la eugenesia "es principalmente la negación de la Declaración de la Independencia. Nos insta a que lejos de que todos los hombres hayan nacido iguales, algunos de ellos ni siquiera tendrían que haber nacido".

Cuando nos oponemos al así llamado matrimonio gay y a las leyes de compañeros domésticos, nuestro propósito no es el de castigar a los homosexuales, sino el de preservar el estatus legal único de la familia heterosexual. Esto no es un mero arrebato teocrático de poder; es pedirle al gobierno que reconozca un patrón social fundamental que ha consolidado a todas las sociedades exitosas a lo largo de la historia.

Al buscar ponerle límites al gobierno, nuestra motivación emana de una rica tradición de filosofía política radicada en la Reforma: una tradición que hace que la democracia constitucional sea posible. Yace en el reconocimiento de que toda esfera de la sociedad tiene su propia función, su propia autoridad, que el gobierno no puede usurpar, sino que debe más bien proteger. El estadista holandés Abraham Kuyper creó la frase "soberanía esférica" para afirmar que las empresas individuales, familiares, eclesiásticas, escolares y comerciales le deben su origen a Dios, no al gobierno. Por lo tanto, sus funciones y estructuras propias provienen de Dios; hay límites que el gobierno no puede transgredir en sus programas de ingeniería social.

Como lo expresa Kuyper, vivimos *coram Deo* (delante del rostro de Dios), y somos directamente responsables ante Dios en cada esfera de nuestra vida. Para los cristianos, la política es un llamado a garantizar que el gobierno proteja las instituciones previas a la política y a preservar el orden moral.

Esta es la razón por la que es tan importante no permitir que ningún partido nos meta en su bolsillo, o que nos asignen el papel de otro grupo de interés político más en la lucha ideológica. Nuestra preocupación es de un nivel más alto: que todas las esferas de la sociedad tengan la libertad de cumplir las funciones ordenadas por Dios. En ciertas ocasiones podemos representar una mayoría, en otras, sólo un pequeño porcentaje del voto, como en el temprano movimiento abolicionista. Pero nuestra posición permanece siendo la misma: que existe un orden natural que el gobierno tiene la obligación moral de respetar.

Nuestra tarea es la de servir como la conciencia de la sociedad, viendo toda la vida desde la perspectiva de Dios e interpretando esa visión en términos prudentes para nuestros conciudadanos. No buscamos poder; buscamos una sociedad donde el gobierno promueva la justicia en todas las esferas de la sociedad y proteja el bien común.

Dada la importancia de la influencia cristiana en una sociedad justa, me ha sorprendido la cantidad de cristianos que han renunciado a la política. "No me gusta ninguno de los dos candidatos, de modo que prefiero quedarme en casa", dicen algunos. Yo también me canso de sus vanas posturas y promesas. Pero el votar no es una opción: es nuestro deber cívico y sagrado a la vez. Como buenos ciudadanos y agentes de Dios se nos requiere que votemos para el nombramiento de líderes.

¿Cómo elegir los mejores candidatos? No haciendo palanca partisana: esa es una ideología instintiva. Los cristianos viven en cambio por la verdad revelada, nunca cautivos de ningún partido. Por lo tanto, el mejor lugar donde buscar sabiduría no son los sitios web de los candidatos, sino en la Biblia.

El suegro de Moisés, Jetro, le aconsejó nombrar como jefes a "hombres capaces y temerosos de Dios, que amen la verdad y aborrezcan las ganancias mal habidas". El criterio es competencia e integridad. Más adelante, Dios le ordena a Samuel que escoja a Saúl, quien será quien los "libre del poder de los filisteos". Este pasaje nos recuerda la enseñanza de Pablo en Romanos: el rol del gobierno es esgrimir la espada para conservar el orden y ponerle freno al mal. De modo que tendríamos que buscar los líderes que sean aptos para esta tarea y para perseguir la justicia.

Hoy día, Dios ya no elige a nuestros líderes directamente (a pesar de que algunos de nosotros desearíamos que lo hiciera, aunque más no fuera para librarnos de los largos años de campañas políticas).Vivimos en una democracia, de modo que Dios nos encomienda la tarea de elegir líderes que él ungirá. (Deuteronomio 1.12-13 nos muestra que los principios democráticas van directamente de regreso al Antiguo Testamento.) Como Samuel, se nos encarga elegir líderes competentes, virtuosos y con carácter. Es debido a todo esto que el no votar o rechazar candidatos porque no tengan un puntaje perfecto bíblica o políticamente es un incumplimiento de nuestro deber. Lo mismo ocurre con votar por un candidato por la sencilla razón de que es cristiano, por extraño que les parezca. En vez de chequear la denominación de los candidatos, tendríamos que mirar cuál es el más capaz.

Al emitir nuestro voto, nuestro juicio tendría que ser guiado por lo que percibimos como el bien común, un término que no escuchamos a menudo en los debates políticos de intereses especiales de hoy día.

Si miramos la política desde la perspectiva de Dios, vemos que él se interesa profunda y perdurablemente en que todas las personas sean tratadas con imparcialidad. Si Dios favorece algún "grupo de intereses especiales", estos son los pobres, los hambrientos, los que no han aún nacido, los discapacitados, los prisioneros: todos aquellos que tienen el menor acceso al poder político.

Es por esto que nosotros los cristianos jamás deberíamos permitirnos ser, como nos han caracterizado frecuentemente los medios, otro grupo más de intereses especiales bregando por nuestros temas solamente. Pero si fuéramos un grupo de intereses especiales, estaríamos cabildeando por la dignidad de todos, en especial por la de aquellos que no se pueden defender a sí mismos. De modo que tal vez un candidato en particular no va a reducir nuestros impuestos o votar por nuestro programa favorito, pero la verdadera pregunta es: ¿va a servir a todos o sólo a los que hablan más fuerte?

Después de considerar estos criterios, si están aún tentados a quedarse en casa el día de las elecciones, quítenle el polvo a *La Ciudad de Dios*, en la que San Agustín nos presenta la idea de que vivimos en la Ciudad de Dios y la Ciudad del Hombre a la misma vez. Al describirlas, reitera las enseñanzas de Jesús de que aun cuando los cristianos viven en la Ciudad del Hombre, no pertenecen a ella. Somos como viajeros en un país extranjero; nuestro verdadero hogar es la Ciudad de Dios.

Pero San Agustín también nos enseña que si hemos de disfrutar las bendiciones de la Ciudad del Hombre, tenemos que asumir las obligaciones propias de la ciudadanía. En vez de cumplir con nuestros deberes cívicos por mandato, los cristianos lo hacen con alegría, en obediencia a Dios y amor a sus semejantes.

Las enseñanzas de San Agustín nos ayudan también a colocar los resultados de las elecciones en perspectiva. Algunos estarán felices del resultado, otros, terriblemente decepcionados. Pero sean cuales sean los resultados, la Ciudad de Dios perdura. Cuando le informaron a San Agustín que su amada ciudad de Roma se estaba incendiando, su respuesta fue que la Ciudad del Hombre ha sido construida por el hombre y puede ser destruida por el hombre, pero que la Ciudad de Dios ha sido construida por Dios y no puede ser destruida.

El día de las elecciones, tenemos que ser los mejores ciudadanos, votando por los candidatos que sean la mejor opción para *todos*. Y luego, al día siguiente, después de celebrar —o penar— ocupémonos trabajando para el avance del reino de Dios en esta sociedad terrenal.

10
CÓMO REPARAR LAS VISIONES FRAGMENTADAS DEL MUNDO

Hace algunos años, un artículo del *Washington Post Magazine* relataba la historia de Gauvin Hughes McCullough y sus padres sordos: Sharon Duchesneau, su madre de nacimiento y Candace McCullough, su madre adoptiva[3].

El artículo generó toda una controversia, no tanto porque Gauvin tuviera dos mamás —desgraciadamente eso ya ha dejado de ser noticia— sino porque Duchesneau y McCullough hicieron todo lo posible para asegurarse de que su hijo tuviera lo que la mayoría de la gente considera una seria discapacidad. La pareja reclutó a un amigo sordo como donante del esperma con la esperanza de que su hijo naciera sordo.

Varios meses después del nacimiento de Gauvin, un especialista de oídos confirmó la "buena noticia": el bebé era realmente sordo. Las madres estaban felices.

¿Por qué podrían desear algunos padres, especialmente aquellos que han experimentado el desafío de ser sordos, que su hijo tuviera este problema? Después de todo, Gauvin ya se enfrenta a suficientes desafíos por el simple hecho de tener que criarse en un hogar lesbiano.

La respuesta yace en la manera en que muchas personas sordas (y otras con discapacidades) se perciben a sí mismas. Cada vez más, ven la sordera con una S mayúscula: no como una discapacidad sino como una cultura. Contemplan los tratamientos para la sordera, como los implantes cocleares, como una especie de genocidio cultural.

El convertir las discapacidades en cultura podría parecernos absurdo, pero la historia de Gauvin Hughes McCullough es meramente una *reductio ad absurdum* de las visiones del mundo que definen nuestra era. Estas visiones del mundo, conocidas colectivamente como posmodernismo, niegan que la verdad corresponda a la realidad. La verdad es simplemente nuestra preferencia subjetiva. Pero si no podemos conocer esencialmente la realidad, ¿cómo podemos encontrarle sentido al mundo? Ciertamente no es recurriendo a las ideas universalmente aplicables sobre el bien y el mal y sobre el significado de la existencia humana. En cambio, las fuentes de lo que un sociólogo llama las "redes de significado" se encuentran mediante la asociación con un grupo en particular que exhiba alguna identidad en común. Esa identidad de grupo define entonces el significado de nuestra vida y proporciona la base para negociar con los que están en el poder.

El resultado de este proceso es una fragmentación cada vez mayor de nuestra cultura en grupos más pequeños (y a menudo más enojados). La meta de lo que el profesor de Princeton Cornell West denomina la "política cultural de diferencia", también conocida como política de identidad, es la paliza "de lo monolítico y homogéneo en el nombre de la diversidad, multiplicidad y heterogeneidad".

Esto puede sonar a una frívola charla desconectada de la realidad, pero las consecuencia prácticas de estas ideas cubren el paisaje cultural. Los americanos se identifican cada vez más con aquél grupo o subgrupo que les dé el poder de perseguir su conjunto particular de objetivos y agravios: ya sean sordos, gay, sordos *y* gay, o miembros de una raza o sexo en particular.

Esto explica por qué, después de la publicación del polémico artículo del *Post*, muchos defienden a las madres sordas lesbianas. Cuando emití el programa de *BreakPoint* en el que criticaba a los padres que intencionadamente diseñaban discapacidades para sus hijos, recibí llamadas y cartas que me acusaban de insensible.

Debo confesar que tal vez sea insensible por pura ignorancia: nunca he experimentado lo que experimentan los sordos. Pero no desconozco ni soy insensible a las discapacidades. Mi hija Emily es una madre sola que está criando heroicamente a mi nieto Max que es autístico. Max es un niño inusualmente cariñoso y nos bendice a todos. Emily lo ama tal cual es. Pero si existiera una cura, Emily, por el bien de Max, la tomaría en un abrir y cerrar de ojos.

Hoy día, mucha gente, en lo que parece una diversidad iluminada, no alcanza a ver que la conducta de las madres de Gauvin refleja una profunda desesperación: la desesperación de que la gente de diferentes grupos pueda plenamente comunicarse alguna vez con los demás y la desesperación sobre la posibilidad de encontrar significado aparte de nuestro propio grupo pequeño.

Esta fragmentación cada vez mayor de la cultura en grupos más pequeños tiene sus raíces en la visión del mundo adoptada mayormente por el occidente hoy día. La paliza "de lo monolítico y homogéneo en el nombre de la diversidad, multiplicidad y heterogeneidad" puede resultar en clanes, pero la tendencia que demuestra hacia la fragmentación tiene sus raíces en un descenso creciente hacia un individualismo cuyo único compromiso es hacia el yo. Esa concentración en el yo en vez del compromiso hacia el bienestar de los demás fue lo que condujo a Duchesneau y McCullough a deliberadamente imponerle su propia discapacidad a otra persona. Esta visión del mundo concentrada en el yo nos está llevando a una fragmentación cada vez mayor que no se detiene con la subdivisión de la gente en estrechos clanes de identificación compartida, sino que avanza hasta separar a las personas en recluidas islas, separadas por vastos mares de egoísmo y falta de compromiso hacia los demás.

En el capítulo 6, mencioné las extensas entrevistas del sociólogo Robert Bellah para entender cuáles "hábitos del corazón" definían a los americanos típicos. Muchos no tenían ningún sentido de comunidad u obligación social. Incluso parecían haber perdido el lenguaje para expresar su compromiso con los demás. Bellah vio cómo esta actitud podría, con el tiempo, desintegrar la iglesia y la sociedad en general. Desde entonces, hemos visto una marcha casi ininterrumpida hacia el enfoque en uno mismo, lo cual afecta a todas nuestras instituciones, pero en especial debilita el trabajo, el matrimonio y la familia.

Los estudios respaldan la observación de Bellah de que los jóvenes adultos de hoy desean comprometerse cada vez menos. En

2008, más de la mitad de los jóvenes entre veinte y veinticuatro años habían conservado el mismo empleo por menos de un año. Los jóvenes adultos están todavía vacilando cuando llega el momento de aceptar un llamamiento. El matrimonio es el que más ha sufrido. De acuerdo con los datos del censo de los Estados Unidos, los jóvenes adultos se están casando cada vez más tarde. Un documental de PBS de 2006: *Generation Next,* dio algunas de las razones: deseo de aventura, proseguir una carrera y una prolongada adolescencia. La falta de compromiso afecta también a la religión: ¡y cómo! Los estudios realizados sugieren que la generación del iPod está eligiendo qué aspectos de la fe desea adoptar para crear sus propias listas espirituales.

Entre los jóvenes adultos de hoy, el deseo de no comprometerse es alarmante, claramente uno de los resultados de la llegada a la plenitud de las filosofías de los 60 y 70.

Los componentes básicos de la sociedad simplemente erosionan sin compromiso. Cualquier sociedad sensible tiene que atender este problema enseñándole a la gente que el compromiso es la esencia misma de las relaciones humanas. Al menos, eso es lo que tenemos que enseñar en nuestras iglesias. ¿Cómo podemos comenzar a ser cristianos si no morimos al yo y nos entregamos completamente a Jesucristo? Ciertas características son tan inherentes al cristianismo que descuidarlas es convertirse en un oxímoron ambulante. Un cristiano sin compromiso es tal oxímoron.

Lo que hace que el rehusarse al compromiso fuera de nuestro clan o intereses propios sea algo tan grave es que crea problemas que no están confinados sólo a grupos o individuos. La onda expansiva impacta a la sociedad en general, fragmentando a la familia, abriendo una brecha entre hombres y mujeres, y creando la necesidad de costosas soluciones políticas. Por ejemplo, la vasta ruptura del matrimonio y la familia ha dejado a un número cada vez mayor de mujeres sin un sustento económico adecuado. Lo cual, según escribe Stephen Stark en la revista *Atlantic Monthly,* ha "llevado a que más mujeres que hombres dependan y apoyen los programas de asistencia social del gobierno". Susan Cullman de la Coalición Republicana a Favor del Aborto (*Republican Coalition for* Choice) lo dice concretamente: Cuando comenzamos a reducir los programas sociales, los hombres piensan en quitarse el gobierno de encima, mientras que las mujeres piensan: "Dios mío, *yo* podría necesitar eso algún día".

Esta brecha de género ejemplifica lo que se ha convertido en un patrón conocido: un asunto político que resulta ser en esencia un asunto moral. La revolución sexual prometía la liberación de la moralidad tradicional, pero los únicos que se liberaron fueron los hombres. Se liberaron de la responsabilidad hacia la familia, mientras que las mujeres fueron obligadas a depender del gobierno. Hasta podríamos decir que la brecha de género mide hasta qué punto han perdido confianza las mujeres en que sus esposos y padres de sus hijos permanecerán a su lado.

Nunca se podrá sujetar el crecimiento del gobierno a menos que se les pida primero a los hombres que examinen su corazón y se les pregunte si están cumpliendo su deber hacia su propia familia y comunidad. Las iglesias tienen que volver a predicar un mensaje bíblico completo sobre la hombría: que los hombres tienen que cumplir sus funciones como cabezas morales y espirituales del hogar. El mantener a la familia no es "tarea de mujeres", sino de hombres. Las preocupaciones relacionadas con la familia tales como la educación y los cuidados médicos no son únicamente "asuntos de mujeres", sino que son también parte del deber cívico de los hombres como guardianes de sus comunidades. Todo se reduce a la necesidad de un giro en nuestra visión del mundo, lo cual trataré a continuación.

Si el gobierno tiene un rol que cumplir, es el de reforzar, no sustituir, la responsabilidad moral de los padres: por ejemplo, buscando iniciativas, como lo están haciendo algunos estados, para revertir el divorcio donde ninguna de las partes tiene que demostrar culpabilidad. Porque si los hombres no apoyan un estándar moral en sus propias vidas, permaneciendo casados, criando a sus hijos, ocupándose de sus padres ancianos, ellos contribuyen a las inexorables presiones sociales de expandir el estado benefactor.

El superar la creciente fragmentación en las relaciones entre hombres y mujeres requiere un gran cambio en el corazón de los hombres. Cuando la iglesia predica todo el consejo de Dios, los creyentes pueden mostrar el camino hacia la restauración de la comunidad cívica desde lo más básico, comenzado con la familia.

LA ALEGRÍA DEL COMPROMISO

Más allá de las ramificaciones para la sociedad como un todo, más allá de sanar la fragmentación cultural, incluso más allá de la necesidad obvia del compromiso cristiano, cuando nos negamos a comprometernos, desperdiciamos una de las alegrías más grandes del mundo. Cuando nos obsesionamos con nosotros mismos o nuestros estrechos clanes de intereses propios compartidos, perdemos el significado de la vida, que es conocer y servir a Dios y amar y servir a nuestros semejantes. Esto quedó en claro cuando treinta y tres científicos investigaron la relación entre el desarrollo humano y la comunidad en un informe de 2003, *Hardwired to Connect.* Su investigación reveló que estamos biológicamente preparados para encontrar significado a través de las relaciones.

Después de casi ocho décadas de vida, yo puedo avalarlo. Mi alegría más grande es darme a los demás y verlos crecer como resultado de ello. No podemos descubrir esto sin compromiso. Yo lo aprendí por primera vez cuando vi cómo mis padres cuidaban a mis abuelos en mi casa. Hoy día, esta costumbre ha caído en el olvido. Nadie cuida ya a los ancianos en su propio hogar. Luego lo vi en el Cuerpo de los Infantes de Marina. Uno no puede ir a combate, al mando de cuarenta y cinco hombres como me entrenaron a hacerlo, si no hay un compromiso mutuo. Si el hombre que tenemos a nuestro lado no nos cubre las espaldas, morimos.

Este es un punto que explica Donovan Campbell en su excelente libro de 2010 *Joker One.* Todos los cristianos tendrían que leer este libro, porque la clase de compromiso que vemos en los pelotones militares, Campbell lo denomina amor del uno por el otro, es lo que necesita ocurrir en las iglesias. Finalmente, lo veo en este punto de mi vida. Mi mayor recompensa es ver la restauración de exconvictos y cómo, aquellos a quienes he enseñado, comienzan a entender la fe en toda su plenitud.

Al abandonar el compromiso, nuestra cultura narcisista ha perdido lo único que busca con desesperación: la felicidad. Sin compromiso, nuestras vidas individuales serían yermas y estériles. Sin compromiso, nuestras vidas carecerían de todo propósito y significado. Después de todo, si no hay nada por lo que valga la pena morir (el himno de los manifestantes contra la guerra en los 60), entonces no hay nada por lo que valga la pena vivir. Pero con compromiso viene el florecimiento de la sociedad, del llamamiento, del matrimonio, de la iglesia, y de nuestro corazón. Es la paradoja que solía compartir Jesús frecuentemente cuando nos invitaba a venir y morir para que pudiéramos realmente vivir.

LA SOLUCIÓN: ADOPTAR LA COSMOVISIÓN CORRECTA

El triste caso de las lesbianas sordas y su bebé deliberadamente sordo y el enfoque individualista del posmodernismo nos muestran claramente la razón por la que se está fragmentando la sociedad americana en estrechos clanes y *yos* más estrechos aún. Pero estas tendencias también ofrecen a los cristianos una oportunidad para la apología: tenemos que mostrar por qué el relativismo posmoderno es la causa de dicha desesperación y el origen de mucha inquietud y fragmentación cultural. Y luego tenemos que señalar la salida del rincón en el que se han retratado los posmodernos.

El cristianismo reconoce las diferencias entre los grupos e individuos, pero proporciona también la base para trascender tales diferencias. Aun cuando el cristianismo en Guatemala sea diferente al cristianismo en Grand Rapids, la fe es claramente la misma. Es una fe que ofrece una dichosa esperanza, tanto eternamente como en el aquí y ahora. Y no exige la burda forma del egocentrismo: deliberadamente visitando nuestras desventajas en nuestros hijos.

El cristianismo le pone fin a la fragmentación al proporcionar la única visión del mundo que se conforma a la realidad. Es la única visión del mundo que, en vez de separar a clanes e individuos en unidades aisladas y cerradas, las reúne en una trascendente unidad. Para ayudar a los lectores a entender y aplicar esta visión del mundo a las necesidades de la sociedad contemporánea, miremos brevemente sus características centrales.

Génesis 1 nos enseña que en los primeros cinco días, Dios hizo la obra de creación directamente. Pero en el sexto día, él formó a los seres humanos a su imagen para que llevaran adelante su obra creativa, ordenándoles llenar y subyugar la tierra. Esta es la "comisión cultural" y es tan obligatoria como la Gran Comisión. Ella significa que tenemos que ir más allá de la conversión personal y desarrollar una fe que abarque toda la vida: cada una de las esferas del trabajo, todos los aspectos del mundo.

En breve, una visión del mundo.

Desarrollar una visión del mundo no es algún ejercicio alejado de la realidad; es crucial para todo lo que hacemos. Tomemos por ejemplo el terreno de la vida personal y opciones morales. Ya que cada decisión que tomamos, con quién nos casamos, qué carrera aspiramos, cómo criamos a nuestros hijos, refleja nuestras creencias sobre la realidad, el tener la visión del mundo correcta es esencial para el orden adecuado de nuestra vida. Si no entendemos el propósito creado de Dios, tanto moral como físicamente, viviremos como una persona que ingresa en una habitación con los ojos tapados y se golpea las piernas contra los muebles.

Segundo, la visión del mundo es importante para la apologética. ¿Qué ocurre cuando nuestros hijos vienen a casa de la escuela donde su fe sufrió un desafío en la clase de ciencias? ¿Le podemos explicar a un vecino escéptico cuál es el problema con el relativismo moral? Los creyentes hoy día se enfrentan a un conflicto entre las visiones del mundo y es imperativo que aprendamos a reconocer y analizar lo que es falso. A menos que conozcamos el enfoque bíblico de la ciencia y la ética, de las leyes y las artes, no tenemos ninguna defensa contra las ideas opuestas que se opongan a las nuestras.

Tercero, el tener una visión del mundo completa es crucial para la evangelización. Cuando Pablo se dirigió a los griegos en el Areópago, encuadró el evangelio en un contexto que ellos podían entender, citando su propios poetas. Y no comenzó con el mensaje de salvación, sino que comenzó con la Creación: "El Dios que hizo el mundo y todo lo que hay en él es Señor del cielo y de la tierra" (Hechos 17.24). Pablo argumentó que incluso los griegos, a pesar de no conocer las Escrituras, tendrían que saber que Dios no es un ídolo dorado. Dado que nos creó, tiene que ser un ser personal y, por lo tanto, alguien a quien le debemos rendir cuentas. Sólo después de establecer quién era Dios, predicó Pablo sobre la Resurrección. Este es el enfoque que tenemos que adoptar en nuestra Atenas moderna, comenzando con la Creación y sólo después explicando la Caída y redención.

Por cierto, estos son los mismos elementos básicos que poseen todas las visiones del mundo: *La creación:* ¿De dónde provenimos? *La caída*: ¿Qué anda mal en el mundo? ¿Por qué existen el diablo y el sufrimiento? *La redención:* ¿Cuál es la solución y cómo podemos construir un mundo mejor? Y el *significado:* ¿Cuál es mi propósito en la vida?

Al comparar punto por punto las distintas visiones del mundo, podemos mostrar que sólo el cristianismo ofrece una respuesta coherente y racional: una que se ajusta al mundo real.

El saber, enseñar y reflejar esta visión correcta del mundo en nuestra propia vida es la clave para revivir nuestro testimonio en la cultura actual. Y es la clave para revertir la fragmentación cultural presente. Muchos cristianos se sienten desalentados por la sensación de que estamos perdiendo la "guerra cultural" y hablan de retirarse. Pero una razón por la que no hemos sido más eficaces es que tenemos una visión truncada del cristianismo. Tenemos que entender que estamos involucrados en un gran conflicto de las visiones del mundo y sólo podemos lidiar con una visión bíblica que sea exhaustiva.

Paradójicamente, la nota de desaliento suena justo cuando el pueblo americano está tomando conciencia de los fracasos del posmodernismo. Este cambio nos está ofreciendo la oportunidad más grande en generaciones. Una encuesta de NBC-*Wall Street Journal* reveló un asombroso giro en las actitudes: 84 por ciento de los que se describen a sí mismo como conservadores y un 33 por ciento de los liberales dicen que lo que es hoy "importante para la sociedad" es "promover el respeto por los valores tradicionales". La gente se está dando cuenta de que las cosmovisiones prevalecientes del mundo no alcanzan a proporcionar una base para un orden público seguro y estable.

Seguramente, este no es el momento de retirarnos. En cambio, tenemos que aprovechar la oportunidad de demostrar que el cristianismo da el único marco racional y coherente para la vida pública y privada y, por cierto, para toda la realidad, porque comienza con el Dios que es el Creador soberano de todo.

Este es el mensaje que nuestro mundo fragmentado anhela escuchar.

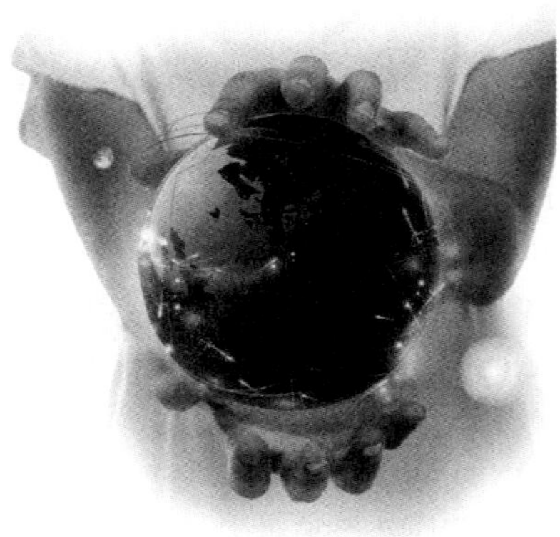

11
CÓMO DARLE UN NUEVO RUMBO A LA IGLESIA

Han dado un giro completo los evangélicos en apenas cincuenta años, desde el aislamiento fundamentalista a la aceptación de la corriente dominante?[4] ¿Hemos abrazado el credo nacional que valora el crecimiento personal por encima de la ortodoxia doctrinal?

Lamentablemente, uno de los observadores más perspicaces de los Estados Unidos dice que eso es precisamente lo que hemos hecho. El columnista conservador David Brooks del *New York Times* argumenta que los americanos ya no toman las doctrinas religiosas en serio. Suponemos que las diferencias religiosas son temporarias, que las distinciones entre denominaciones irán desapareciendo, y que "Todos estaremos unidos en el abrazo de Dios".

Esta suposición tranquilizadora significa que millones de personas sienten la libertad de probar diferentes denominaciones (como lo han hecho varios de los candidatos presidenciales) y nos inclinamos a pensar que toda la gente de buena voluntad está "básicamente del mismo lado", escribe Brooks. Como evidencia, cita el comentario del presidente Bush de que los cristianos y musulmanes le oran al mismo Dios: una afirmación que es "teológicamente controversial, pero… fiel al credo nacional".

El resultado, dice Brooks, es una religión que es experiencial y sin complicaciones más que intelectual y rigurosa. Para llenar las iglesias, escribe Brooks, los pastores "enfatizan lo optimista y alentador y restan atención al asunto de la ira de Dios". En las iglesias modernas "sensibles a los que buscan", "la tecnología es de avanzada, la música es moderna, el lenguaje es terapéutico, la vestimenta es informal".

Esta actitud sin complicaciones, combinada con una fe en la homogeneidad santa, es la razón por la que los cristianos tienen dificultad en sostener los esfuerzos en la guerra cultural, mantiene Brooks, y la razón por la que los grupos apocalípticos como la Mayoría Moral y la Coalición Cristiana se disolvieron o se convirtieron en una "sombra de su antiguo yo". Los evangélicos son, concluye, citando al sociólogo Alan Wolfe, "parte de la cultura dominante, y no sus disidentes".

La columna de Brooks me sorprendió. Si tiene razón, es una acusación devastadora de la iglesia. ¿Es realmente posible que nos hayamos convertido en algo común y corriente?

Yo no lo quería creer, pero después de discutir la columna con amigos, y estudiando los últimos datos deprimentes del Grupo Barna, me di cuenta de que Brooks, que mira desde afuera los santuarios de alta tecnología, puede ver a los evangélicos de una manera más realista que nosotros mismos.

Al menos dos luminarias evangélicas han escrito artículos con un soplo de resignación, explicando que, después de todo, no tendríamos que esperar transformar la cultura que nos rodea. Ella le ha sido siempre hostil a los evangélicos y siempre lo será, de modo que es mejor aceptarlo. A pesar de que no fue su intención, sus palabras pueden leerse como el reconocimiento de que ya no deberíamos entablar una relación con la cultura.

Esta es una propuesta atractiva para los guerreros culturales heridos de guerra. Tan sólo denos nuestros preciosos santuarios, nuestros mullidos asientos y nuestra música alegre y dejaremos de preocuparnos de que la cultura se esté desintegrando a nuestro alrededor. La cultura nos ignorará, y nosotros ignoraremos la cultura, lo cual es muy agradable cuando nos reunimos con los no creyentes, ya que ellos dejarán de considerarnos fundamentalistas provincianos que tratan de imponerles su moralidad.

Esta es la definición de "corriente principal": llevarse bien con todos. Para llegar a ello, lo único que tenemos que hacer es abandonar nuestra responsabilidad bíblica.

CÓMO EL ENTRETENIMIENTO MATA EL CONTENTO

En ninguna parte es esta tendencia hacia la satisfacción cultural más evidente que en la música cristiana contemporánea. Tanto en nuestros cultos de adoración como en la radio cristiana, el movimiento hacia la música entretenida y los razonamientos para explicarla proporcionan una clara comprensión de cómo piensan ahora los cristianos.

Cuando los directores de música de iglesia lideran a la congregación para que canten música cristiana contemporánea, a menudo escucho estoicamente con los dientes apretados. Pero un domingo por la mañana, no pude soportar más. Habíamos tenido que cantar interminables repeticiones de una cancioncilla sin significado llamada "*Draw Me Close to You*", que no posee ningún contenido teológico y bien podría cantarse en un club nocturno. Cuando pensaba que por fin habíamos terminado, el líder de música sonrió. "Cantémosla una vez más, ¿no les parece?" "¡No!" grité, lo suficientemente fuerte como para que todas las personas que me rodeaban giraran la cabeza en mi dirección mientras que mi esposa Patty quería desaparecer de la faz de la tierra.

Admito que prefiero los himnos tradicionales, pero aún así, estoy convencido de que mucha de la música escrita para la iglesia hoy refleja una desafortunada tendencia, pasando de la adoración al entretenimiento. Los evangélicos corren el riesgo de divertirse hasta la muerte, para pedir prestado el título del libro clásico de Neil Postman.

Esta moda se evidencia no sólo en las iglesias que parecen un teatro donde los músicos, con sus guitarras y bongós, suelen tocar tan fuerte que parecen taladrar los oídos. Lo mismo ocurre con la radio cristiana, históricamente una fuente importante de sólida predicación y enseñanza. Recientemente, varias estaciones, muchas de ellas actuando por consejo de una firma consultora líder, han abandonado la programación seria a favor de un formato de sólo música. Por ejemplo, una importante estación en Baltimore ha dejado de lado los programas de entrevistas para poder agregar música. Family Life Radio, una emisora de primera categoría, ha adoptado una nueva segmentación de programas de un 88 por ciento de música "para atraer a la población entre las edades de treinta y cinco a cincuenta". Una respetada emisora dejó de transmitir los programas de *Focus on the Family* aduciendo que estaban demasiado involucrados en "cuestiones morales". ¿Piensa alguien realmente que la Biblia contempla con indiferencia los asuntos morales, o que los cristianos modernos tendrían que hacerlo?

Una estación radial canceló mi comentario *BreakPoint* de cuatro minutos diciendo que cuatro minutos era el equivalente de una canción. ¡Qué horror! Además, el gerente de la radio admitió que *BreakPoint* era un programa demasiado serio y no lo suficientemente contemporáneo. Cuando otra importante estación, ubicada en Cincinnati, reemplazó a *BreakPoint* con música, la llamé a la gerente de la estación, argumentando que los creyentes tienen que pensar de manera cristiana sobre los principales asuntos de la visión del mundo. La joven que estaba del otro lado del teléfono me advirtió: "Pero no deseamos hacer nada que altere a nuestros oyentes". Las mujeres jóvenes, me dijo, desean "algo que les ayude a hacerle frente a la vida".

Esta opinión fue confirmada por un ama de casa cristiana que fue entrevistada para un programa especial de TV sobre el movimiento evangélico. Estoy tan ocupada, explicaba ella, cuidando a mis hijos, con las actividades de la familia, estudio bíblico, cocinar, etc. que no tengo tiempo para leer siquiera el periódico o preocuparme de lo que está pasando en el mundo que me rodea. Para ella, la iglesia es un lugar adonde ir para que le levanten el ánimo.

Debo admitir que la vida moderna crea un enorme estrés. ¿Pero no puede ofrecer la iglesia confort y ayudar a la gente a confrontar la cultura?

La decisión por parte de influyentes emisoras cristianas y compañías discográficas de evitar controversias morales puede traer como resultado que la iglesia se retire de la cultura como lo hizo un siglo atrás. Después de todo, ¿cuál es la tarea de las iglesias cristianas o la radio cristiana? ¿Darle a la gente lo que quiere o, como con cualquier ministerio, darles lo que necesitan? La música es importante en la vida de la iglesia y puede inspirarnos para concentrarnos en Cristo. Pero no puede ocupar el lugar de una enseñanza sólida.

EL ABANDONO DE LA VERDAD PROPOSICIONAL

Quizás el resbalón más crítico de la iglesia contemporánea está en su afán de no enfatizar las verdades centrales que respaldan su validez. El evangelio, por encima de todo, es la revelación de la verdad proposicional: una verdad que apunta a toda la vida. Las enseñanzas doctrinarias y bíblicas no son, como creen ciertos proponentes de la "iglesia emergente", nociones estériles, abstractas y polvorientas. Esta es una verdad que tiene que ser aplicada y entendida plenamente. Pero no hay escapatoria al hecho de que es una verdad que tiene que ser aprendida.

Seguro, los sketches y la música pegadiza son buenas herramientas para atraer a la gente, y la buena música cristiana en la radio nos puede inspirar. Pero estas cosas son un fin en sí mismas. Ellas tendrían que llevarnos a aprender y aplicar la verdad.

Es claro que el énfasis de la iglesia actual en la inclusión, el sobrellevar problemas y el inspirar buenos sentimientos nos ha costado caro en lo que respecta al aprendizaje y aplicación de la verdad. A mediados de los 2000, una encuesta del Foro Eclesiástico sobre la Religión y Vida Pública descubrió que había una ignorancia galopante entre los cristianos de los Estados Unidos. Cincuenta y siete por ciento de los evangélicos creían que la gente que seguía religiones diferentes a la suya podían disfrutar de vida eterna. Los resultados fueron tan inesperados, que el Foro repitió la encuesta, haciendo preguntas más específicas. Las respuestas fueron prácticamente las mismas. Lo sorprendente era que cerca de la mitad creía que todos, incluso los ateos, terminarían yendo al cielo. ¿El cielo para los impíos? Esa es la antigua herejía del universalismo.

La indiferencia a las verdades del evangelio se ven en muchas otras esferas, tales como entre aquellos que abogan por "hechos, no credos" (yo llevo a cabo las acciones del ministerio en las prisiones *porque* creo los credos), y en interminables discusiones sobre maneras nuevas de "entender" o "hacer" teología. Algunos aceptan otras antiguas herejías, que las doctrinas deben ser extraídas de experiencias interiores, o sea, sentimientos personales. Esa es una versión de gnosticismo.

Hay otros que desean lograr que el cristianismo "calce" en la era posmoderna o que desean "desarrollar" su teología en público, con la ayuda de no cristianos para darle forma al resultado. Sí, necesitamos contextualizar el mensaje de manera que los oyentes en un cierto momento y cultura puedan captar la verdad que proclamamos. Pero esto es completamente diferente a cambiar el resumen conciso y definitivo de la verdad cristiana de los tempranos padres de la iglesia alcanzado en sus concejos.

Como lo nota un reportero, aun cuando los cristianos sepan la doctrina correcta, temen decir la verdad por temor a ofender a los demás. ¿Qué derecho tengo de imponer mis creencias en los demás? Este es un pensamiento que nos da forma a muchos de nosotros creyentes.

Es por eso que J. I. Packer, en su octogésimo cumpleaños, dijo que el mayor desafío de la iglesia evangélica es volver a adoctrinar nuestras iglesias. Más que nunca, los cristianos tenemos que poder hablar con inteligencia y valentía sobre la esperanza que tenemos dentro de nosotros. El problema es que muchos cristianos ya no poseen el conocimiento básico de la fe o un entendimiento coherente de qué es lo que significa vivir como cristiano. Aun cuando estaríamos ingiriendo las doctrinas y asuntos más sustanciosos, nuestra prioridad tendría que ser el volver atrás y nutrir a nuestras iglesias con los asuntos básicos: la "leche" de la Palabra. En otras palabras: "Nos hemos hundido a una profundidad en la que la reafirmación de lo obvio es el primer deber de los hombres inteligentes". Escrito en 1939, las palabras de George Orwell podrían haber sido dirigidas a los líderes de las actuales iglesias bíblicamente analfabetas.

La cosa más obvia que podemos decir sobre el cristianismo es que descansa sobre hechos históricos: la Creación, la Encarnación y la Resurrección. Dado que nuestras doctrinas son afirmaciones de la verdad, no pueden ser un mero simbolismo.

Claramente, cuando dejamos de tomar en serio las verdades históricas de la iglesia, socavamos nuestro testimonio. La fe personal es sin duda vital, pero no es suficiente. Y sí, la doctrina ha sido enseñada con frecuencia de manera tal que parece árida y polvorienta. Pero como notó Dorothy Sayers, una vez que captamos lo que enseñan las doctrinas cristianas, "El Dogma es el Drama".

La determinación de restaurar la fe ortodoxa, la fe "encomendada una vez por todas a los santos" (Judas 3), produjo la Reforma, de la que todos somos herederos. Un nuevo énfasis en la doctrina ortodoxa podría transformar también la iglesia y cultura hoy.

Hace algunos años, visité Atenas y escalé la roca resbaladiza llamada colina de Marte. En la cima, me paré donde me imaginé que Pablo había enfrentado al Areópago, los sabios del centro cultural del mundo. Pablo los desafió aludiendo a su propia literatura y falsos altares y luego proclamando llanamente el evangelio, concluyendo que Dios había resucitado a Cristo de entre los muertos. Es el mismo mensaje que yo predico hoy día en las prisiones. Pienso que es mucho más apasionante apoyarnos en una creencia que ha sobrevivido 2.000 años de persecución que saltar de una tendencia a otra.

Ese día, pocas personas aceptaron la invitación de Pablo de seguir a Cristo. Pero miles de millones lo han seguido desde entonces, porque Cristo tiene un poder imposible de detener. Tiene el poder de quebrantar el control de Satanás de nuestra alma y transformar nuestra vida con gozo.

Orwell tenía razón: en una crisis, a menudo tenemos el deber de restablecer lo obvio. Tenemos que constantemente recordarles a nuestros hermanos doctrinalmente confundidos las verdades obvias del cristianismo. El mayor desafío para los cristianos serios de hoy no es la reinvención del cristianismo, sino el redescubrimiento de sus enseñanzas centrales.

Una clave vital para sanear la iglesia es poner extremo cuidado en lograr que la próxima generación esté sólidamente arraigada en las enseñanzas centrales del cristianismo, habiéndole infundido una visión correcta del mundo. Los padres no deben suponer que sus hijos, por el simple hecho de concurrir a la escuela dominical, reciben esta enseñanza tan importante. Ellos tienen que examinar qué es lo que nuestras iglesias les están enseñando a nuestros niños sobre la verdad: siempre y cuando les estén enseñando *algo.* Los líderes de los jóvenes saben cómo entretenerlos con diversos juegos. Eso está bien: atrae a los chicos. Pero lo tienen que unir con una tonificante dosis de enseñarles la cosmovisión cristiana. En el Centro Colson para la Cosmovisión Cristiana hemos desarrollado un currículo de visión del mundo y hemos descubierto que la gente joven tiene hambre de estas cosas. Mejor afirmar a nuestros estudiantes en los pensamientos de la visión del mundo antes de que concurran a la universidad, donde los profesores van a desafiar todo lo que ellos creen.

Aun cuando nuestros hijos sean capacitados en la iglesia, la familia lo tiene que complementar: alrededor de la mesa de desayuno, leyendo devociones que abordan asuntos de la visión del mundo y, en otros momentos, criticando películas, analizando las noticias y desenmascarando enseñanzas no bíblicas en todo desde la música popular a los avisos publicitarios en la televisión.

La gente laica puede hacer esto. Una amiga, Nancy Fitzgerald, ha estado enseñando apologética básica para adolescentes en su hogar durante años. Vienen a clase entre 150 y 200 niños que luego se dividen en grupos para debatir el material. A menudo, continúan después la discusión a través de correos electrónicos. Los resultados entre los niños, la capacidad de testimoniar osadamente la verdad, ha sido espectacular.

¿Creen que estoy enfatizando demasiado la necesidad de la capacitación en tener una cosmovisión clara? Miren a su alrededor: es imposible desconectar a los niños de su cultura. La idea de que nos podemos separar de nuestro entorno social, como lo hacían los cristianos hace un siglo, es tonto, salvo que nos mudemos a una isla desierta. Simplemente, no podemos escapar del largo y repugnante brazo de la televisión, el Internet, la música y las revistas.

Nuestra única esperanza es enseñar discernimiento. No es una coincidencia que de entre los muchos grupos de jóvenes a quienes he hablado en el último año, un solo estudiante tuvo la respuesta de la visión del mundo correcta. Era un alumno que estaba cursando el último año del Instituto Tecnológico de Virginia y que provenía de una familia piadosa y sabia en las cuestiones del mundo.

No tenemos tiempo que perder. Toda la evidencia demuestra que ya estamos perdiendo a nuestros hijos. Con sólo un 9 por ciento de adolescentes vueltos a nacer que creen en la verdad absoluta, ¿quién puede rescatar a esta generación? ¿Podemos darnos el lujo de no intentarlo?

CÓMO RECUPERAR LA "COMISIÓN CULTURAL"

Por último, la revitalización de la iglesia no estará completa hasta que recupere la misión que le ha encomendado Dios para atraer a la cultura. Los cristianos están llamados a ser contraculturales, una fuerza para el cambio moral en un mundo de pecado. Pero si renunciamos a ese rol, entendamos que al dejar de intentar cambiar la cultura, la cultura ya nos habrá cambiado a nosotros.

Recientemente y trágicamente dos familias cristianas lo descubrieron. Ambas estaban profundamente involucradas en la iglesia y sus hijos hacían la escuela en el hogar. Luego un día, el esposo de una de las familias se fue de la casa con la esposa de la otra familia. Cuando los amigos, trastornados, le cuestionaron a la esposa lo que había hecho, ella les respondió desafiante: "¿Acaso no tengo el derecho a ser feliz?" Podría haber sido un renglón de la película posmoderna *Las horas*, en la que el personaje central deja a su familia para encontrar la felicidad. Claramente esta mujer, como muchas otras, había compartimentado su fe. Dios era para los domingos; la cultura secular le había dado forma a su cosmovisión el resto de la semana.

Tenemos que luchar contra la tentación de tratar a nuestra fe de la misma manera que tratamos a nuestras carreras: como una fuente de entretenimiento, satisfacción y felicidad. Recordemos la advertencia de C. S. Lewis: Si estamos buscando la felicidad, no elijamos el cristianismo, sino elijamos un buen oporto.

Cuando se trata de la cultura, no existe tal cosa como una coexistencia pacífica. Si no estamos defendiendo la verdad, luchando por los valores cristianos en todos los aspectos de la vida, la verdad será sacrificada sobre el altar del secularismo dominante.

¿Acaso les suena esto como un llamado militante a la guerra? Así lo espero. No puedo pensar en nada más importante que probar que David Brooks estaba equivocado. Dios nos juzgará con dureza si nos quedamos allí disfrutando de la dulzura de la aprobación de nuestra cultura, mientras que la cultura se derrumba.

Apenas unos años atrás, exhorté a un grupo de pastores a luchar las batallas culturales actuales, sobre todo para apoyar la Enmienda Federal al Matrimonio. Después, los pastores tenían muchas preguntas, pero estaban también confundidos.

Uno de ellos preguntó: "¿Pero acaso abordar la cultura de esta manera no interferiría con el cumplimiento de la Gran Comisión? ¿No es acaso nuestra tarea ganar gente para Cristo?"

Me sorprende que la gente todavía haga esas preguntas. "Por supuesto que estamos llamados a cumplir la Gran Comisión", le contesté. "Pero estamos también llamados a cumplir la comisión cultural". Los cristianos son agentes de la gracia redentora de

Dios, traer a los demás a Cristo, expliqué, pero somos también los agentes de su gracia común: sustentando y renovando su creación, defendiendo las instituciones creadas de la familia y la sociedad, criticando las visiones falsas del mundo.

Al hablar, vi que se les iluminaban los ojos a los pastores cuando finalmente entendieron lo que les estaba diciendo.

El entender la comisión cultural es especialmente importante cada vez que nos acercamos a una elección decisiva. Sabemos que nuestros líderes electos desempeñan un rol clave en las batallas de la guerra de culturas. Pero muchos pastores se preguntan si es apropiado o no instar a sus rebaños a votar a políticos que respaldan asuntos morales, o siquiera involucrarse en debates morales.

En cuanto a votar, la respuesta es obvia. Aun cuando, como lo he escrito en otra parte, los pastores no tendrían que avalar de manera partisana, es nuestra obligación ver que los cristianos, como buenos ciudadanos, voten y que lo hagan con discernimiento sabiendo qué postura tienen los políticos en los asuntos morales. Desearía tener la valentía de algunos católicos que amenazaron con suspender la Comunión (e, implícitamente, los votos) de aquellos que abiertamente desobedecen enseñanzas bíblicas.

En cuanto a involucrarse con asuntos culturales, las Escrituras son claras, comenzando en Génesis. Como lo he notado en el capítulo anterior, durante cinco días, Dios creó el universo. El sexto día, él creó a los seres humanos, y les ordenó actuar como agentes de su obra en curso. A partir de ese momento, el desarrollo de la creación sería principalmente social y cultural: sería la obra que desempeñan los seres humanos al reflejar su imagen, ejercitar señorío y obedecer su mandamiento de llenar y dominar la tierra.

Los cristianos hoy día deben obedecer ese mismo mandato. Tenemos hijos, sembramos cultivos, construimos ciudades, formamos gobiernos y creamos obras de arte. Aunque el pecado introdujo un poder destructivo al orden creado por Dios, no eliminó ese orden. Y cuando somos redimidos, somos liberados de todo pecado y restaurados para llevar a cabo lo que Dios ordenó que hiciéramos: crear cultura.

Yo creo que no se puede separar la comisión cultural del Señor de la Gran Comisión. Todas las partes de la creación vinieron de la mano de Dios, cada una de las partes formó parte del motín de los hombres contra Dios, y cada parte será algún día redimida. Esto significa que nos preocupa la vida en su totalidad: redimir a la gente y redimir la cultura. Después de todo, se nos enseña a pensar de manera bíblica, llevando "cautivo todo pensamiento para que se someta a Cristo" (2 Corintios 10.5).

Si nos sentimos tentados a ignorar los grandes asuntos morales de nuestra época, o los descartamos como "tan sólo política", estamos traicionando nuestro mandato bíblico y nuestra herencia. Nada podría ser más mortal para la iglesia, o para la cultura, ya que el verdadero cristianismo invariablemente suministra una sana influencia en la sociedad.

Los evangélicos no deben estar jamás contentos con un cristianismo tibio que acepta sólo la evangelización y la iglesia que los hace "sentirse bien" mientras que extrañas filosofías hostiles al orden creado secuestran nuestra cultura. Miremos los asuntos que tenemos delante: el así llamado matrimonio gay, un oxímoron que va a socavar las instituciones fundamentales de la sociedad; la creación de la vida a la imagen del hombre (clonación); el aborto; el terrorismo impulsado por extremistas religiosos; y definir una "guerra justa" en la era del terror, para nombrar sólo unas pocas. Los cristianos tienen que volver a dedicarse con valentía y confianza a captar la cultura contemporánea con una nueva visión de esperanza.

No me digan que no desean ensuciarse las manos en el mugriento mundo de la política y el debate cultural. Si los cristianos no aprovechan este momento y actúan en la comisión cultural, pronto no quedará ninguna cultura que salvar. Pero cuando cumplimos nuestro deber, podemos cambiar el mundo. Miren los cristianos como William Wilberforce, que se pasó gran parte de su vida luchando y ganando la guerra contra la trata de esclavos en Inglaterra. Los cristianos en sus puestos, cumpliendo su deber, han ocasionado las más grandes reformas sociales del mundo moderno.

¿Por qué reformas nos recordarán a nosotros?

Cada uno de nosotros tenemos que desempeñar nuestro rol en la gracia común de nuestra propia vida, glorificando a Dios mediante la restauración de su creación, haciendo que la majestad de Dios y su justicia se opongan a las derrumbadas estructuras de una sociedad decadente.

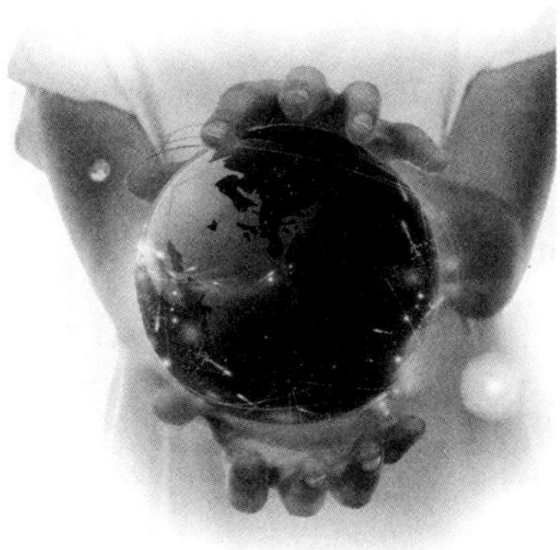

12
LA MÁXIMA ESPERANZA PARA UNA CULTURA EN DECADENCIA

En las semanas que siguieron el ataque terrorista de 2001 en el World Trade Center de Nueva York y el Pentágono, los estadounidenses se volcaron a las iglesias[5]. Muchas congregaciones volvieron a transmitir el memorable discurso del presidente Bush al Congreso y dieron conmovedores sermones patrióticos. En su mayoría, era una clase de religión civil correcta, alentándonos a ser buenos ciudadanos allí donde Dios nos colocara.

Estábamos también ocupados consolando a los que estaban de duelo y recordándoles a nuestros líderes la enseñanza bíblica sobre el uso correcto del poder militar. Pero lo que estaba ausente en el agitado clima de ondear banderas y dar consuelo era algo que tendría que haber sido la tarea principal de la iglesia: llamarse a sí misma, y luego a la nación, al arrepentimiento.

Durante años, muchos de nosotros hemos dicho medio en broma que si Dios no juzga pronto a los Estados Unidos, él tendrá que disculparse con Sodoma y Gomorra. Muchos han señalado el 11 de septiembre y los desastres subsiguientes, tales como el huracán Katrina, la masacre de Fort Hood y la debacle de nuestra economía nacional, como los disparos de advertencia que anunciaban el juicio inminente de Dios. Yo encaro este tema con cautela porque es fácil ser malentendido, y trato de evitar las profecías de los últimos días que hace que los cristianos parezcan irrelevantes al mundo.

Aún así, tenemos que plantear la siguiente pregunta: ¿Podemos discernir los propósitos de Dios en estos catastróficos acontecimientos? ¿Podría estar usando Dios estos ataques como una advertencia al juicio inminente?

¿MERECEN SER JUZGADOS LOS ESTADOS UNIDOS?

Como escribió Charles Krauthammer en Townhall.com, las razones obvias por las que el Islam está peleando "el gran yihad" contra los Estados Unidos son religión, ideología, poder político y territorio. Pero, "se trata además, profundamente, sobre cuestiones de sexo". Los yihadistas afirman que allí donde llega la libertad, "especialmente en los Estados Unidos y Europa", ellas traen libertades sexuales y corrupción, decadencia y perversión".

Ya en las páginas de este libro he abordado muchos de los profundos problemas morales, culturales, económicos, filosóficos y políticos que están provocando un caos en una nación que solía ser estable. A la luz de semejante decaimiento cultural tan obvio, ¿cómo puede alguien creer que hay suficiente fibra moral como para llevar a cabo una renovación cultural? ¿Qué nos hace creer que los cristianos pueden cambiar las cosas en el siguiente milenio?

Debo admitir que las fuerzas ataviadas en el campo de batalla parecen estar abrumadoramente en contra de nosotros. Los centros culturales del poder están firmemente en manos de los secularistas: desde Washington hasta Hollywood, desde los medios de comunicación hasta los académicos. No es sorprendente entonces que los cristianos se sientan a menudo solos y aislados. Pero esta evaluación del campo de batalla cultural es engañoso, porque de nuestro lado de las líneas de batalla hay un poder más grandioso que lo que podría generar cualquier secularismo: es Espíritu de aquél que nos dio a Jesucristo y lo resucitó de entre los muertos. Este poder es todo lo que se necesita para permitir que la iglesia de hoy cumpla la misión de Cristo sobre la tierra y transforme nuestra cultura de manera que se revierta su tendencia actual hacia una fatal decadencia.

LA COMPRENSIÓN DE LA MISIÓN DE CRISTO

Los judíos de la época de Cristo no alcanzaron a comprender el objetivo de su misión en la tierra. Ellos creían que el Mesías llegaría como un rey montado en su caballo con una espada resplandeciente. Pero Dios, que se deleita en confundir la sabiduría de este mundo, lidió con el reinado cruel de Satanás mediante una silenciosa invasión del planeta Tierra. En vez de enviar una poderoso ejército, Dios eligió una virgen adolescente que nadie conocía.

Treinta años después de su humilde nacimiento, Jesús aumentó la confusión de los judíos cuando les dijo a sus seguidores: "Se ha cumplido el tiempo... El reino de Dios está cerca. ¡Arrepiéntanse y crean las buenas nuevas!" (Marcos 1.15). Luego leyó en el libro de Isaías: "El Espíritu del Señor está sobre mí, por cuanto me ha ungido para anunciar buenas nuevas a los pobres... a proclamar libertad a los cautivos, y dar vista a los ciegos, a poner en libertad a los oprimidos" (Lucas 4.18). Luego Jesús cerró el libro y anunció: "Hoy se cumple esta Escritura en presencia de ustedes" (Lucas 4.21). En efecto, el hijo del carpintero acababa de anunciar que él era el rey: una afirmación escandalosa para los judíos, y tan radical que la gente lo quería matar allí mismo.

A veces pienso que el anuncio de Jesús de la liberación del pueblo judío y la venida del reino de Dios es tan malinterpretado hoy día como lo fue entonces. Cristo estaba inaugurando el reino de Dios en la tierra, mediante su propio ministerio, y estableciendo luego una pacífica fuerza de ocupación, su iglesia, que llevaría adelante la obra redentora de Dios hasta el regreso de Cristo en poder y gloria y el triunfo final del reino.

Como lo he escrito en mi libro *The Faith Given Once, for All*, el anuncio de Jesús fue un momento decisivo en la totalidad de la historia humana. Preocupados con el yo y distraídos por las riquezas, muchos cristianos tratan de confinar el evangelio a una forma superior de terapia; no alcanzan a verlo como un plan de redención en el que ellos, como criaturas caídas, están involucrados directamente.

Pero mientras que es posible que el cristiano promedio no "entienda" este anuncio, los que están encerrados tras las rejas ciertamente lo captan. A lo largo de los últimos treinta años, cada vez que predico a los presos, les leo el sermón inaugural de Jesús. Cuando cito su promesa de libertad para los prisioneros, a menudo alzan los brazos y vitorean. El mensaje de Jesús significa libertad y victoria para los que no tienen ninguna esperanza. Ellos no están distraídos por el peso de las riquezas.

En más de tres décadas de ministerio, he hablado con toda clase de grupos, pero jamás encontré uno más entusiasta que el que conocí un invierno en Newton, Iowa. Cuando terminé de hablar, 140 hombres sonrientes me sorprendieron cuando se pusieron de pie de un salto. Como por una orden, gritaron al unísono: "Esta es mi Biblia... una lámpara a mis pies... una luz en mi sendero".

Con cada frase, tomaban fuertemente sus Biblias y las apuntaban en dirección al cielo. El sonido rebotaba en las paredes de concreto. ¿Una reunión de los Promise Keepers? ¿De Young Life? No, estos eran presos durante la dedicación de un programa cristiano comenzado por la Confraternidad Carcelaria. Yo no estaba preparado para semejante entusiasmo. El programa acababa de ser inaugurado, habiéndole apenas concedido tiempo alguno a los hombres, muchos de los cuales no habían sido cristianos cuando llegaron, para adaptarse. Iowa, después de todo, es una zona agrícola, no una zona donde impera la Biblia. Entremezclándome con los hombres durante el almuerzo, no escuché ninguna de las quejas típicas de las prisiones. Al contrario, lo que escuché fue un gran entusiasmo por la fe que habían descubierto. Un preso que estaba cumpliendo una condena perpetua anunció que estaba feliz de estar en prisión: "Voy a pasarme la vida conquistando prisioneros para Jesús".

Ese día me fui con el espíritu renovado por la fe casi infantil de esos hombres. Para mí, la visita fue como hojear las páginas del libro de Jonathan Edward, *Narrative of Surprising Conversions,* la crónica clásica del Gran Avivamiento de 1730. Jamás decrece el entusiasmo de ver cómo Dios rescata vidas de la desesperación.

Pero la transformación de la prisión misma fue tan dramática como el cambio que vi en esos hombres. A lo largo de los años, he visitado más de 600 prisiones en cuarenta países. La mayoría son lugares tristes, a menudo sucios y deprimentes. Los hombres y mujeres que se arrastran sin expresión en sus rostros y la mirada hacia el piso. Predominan la ira, la amargura y la corrupción. Rara vez se escuchan risas o se ven señales de alegría.

Pero en Newton, como en las instalaciones de Houston que presentan un programa similar de la Confraternidad Carcelaria, el ambiente era completamente diferente. La limpieza de las unidades reflejaban el orgullo que sentían esos hombres por su prisión.

Tenían un sentido de propósito: la gente estaba ocupada con tareas y clases desde la mañana temprano hasta la noche. Había poco tiempo para mirar TV o estar tirado sobre las literas. Ellos formaban una comunidad donde se ayudaban mutuamente y obedecían con gusto las reglas.

Les cuento esta historia porque creo que tiene una aplicación mucho mayor. Esta es la manera en que podemos transformar la cultura. El proceso comienza cuando los creyentes se reúnen en una confraternidad de amor, una "iglesia", realmente. Luego evangelizan, como los presos que invitan a la gente de otros sectores a que concurran a los servicios de avivamiento. A pesar de que comienzan siendo la minoría, los prisioneros cristianos toman en serio las enseñanzas bíblicas y las ponen en práctica. Otros comienzan a seguir su ejemplo y pronto alcanzan la masa crítica. Con el tiempo, todos los hombres han adoptado, casi inconscientemente, normas de conducta diferentes.

Lo que vi ese día es una metáfora de la iglesia.

Tendemos a evaluar a las iglesias por sus marcas clásicas: sermones, los sacramentos y disciplina. Pero podríamos añadir una cuarta: su impacto en la cultura. Juan Calvino dijo que la iglesia "nunca puede existir sin producir fruto y prosperar gracias a la bendición de Dios". Lo que quería decir era que cuando la iglesia es fiel, ella impacta a todos y todo.

Este es un pensamiento aleccionador para la iglesia actual mientras observamos la decadencia cultural que nos rodea. Parecería una exageración sugerir que los cristianos pueden reproducir en sus comunidades lo que vemos en esas prisiones. Pero la historia nos enseña que ello es posible. El Gran Avivamiento sembró las semillas para la independencia de nuestra nación y creó el escenario para la abolición de la esclavitud.

El avivamiento en Gales en 1904 transformó también la cultura, según lo registrado por el historiador J. Edwin Orr. Durante la celebración del Año Nuevo de 1905, el Tribunal de Policía del Condado de Swansea, por primerísima vez, informó que no había habido ni un solo arresto por estado de ebriedad. La policía se quejaba de que no tenía nada para hacer; los jugadores habían reformado su vida: los ladrones devolvían lo que habían robado; los tribunales no tenían ningún caso que juzgar. Orr informó que el avivamiento "había incluso afectado el trabajo, pero de una manera sorprendente. Tantos hombres dejaron de decir malas palabras que los ponis que arrastraban los vagones de carbón en los túneles de las minas no entendían lo que les estaban diciendo".

A menudo los caminos de Dios confunde la sabiduría del mundo. Y eso es lo que parece que está haciendo al usar a los marginados de la sociedad para mostrarnos al resto de nosotros cómo transformar la cultura.

PODER RADICAL DE TRANSFORMACIÓN

Quizás el ejemplo más dramático que haya visto en mi vida de cómo puede el poder de Cristo transformar la cultura ocurrió cuando visité otra prisión. Jester II es un ala de una prisión de Texas que ofrece la Prison Fellowship's InterChange Freedom Initiative (IFI, por sus siglas en inglés), donde las oraciones han desplazado a las flexiones matutinas y los grupos de estudio bíblico han reemplazado a los programas nocturnos de MTV. La atmósfera casi monástica es especialmente sorprendente cuando consideramos que la mayoría de los presos que se alistan como voluntarios del programa son delincuentes rudos que han estado repetidas veces en la prisión.

Pasé por una clase sobre la prevención de drogas y alcohol y escuché que uno de los presos decía: "He estado en tres programas de terapia, y no funcionan, porque estoy de regreso en la prisión". Luego agregó: "No estamos interesados en terapia. Estamos interesados en transformación". Todos dijeron amén. Los presos están tan agradecidos por la oportunidad que tienen de trabajar en soluciones espirituales para sus problemas que algunos de ellos han voluntariamente rechazado la libertad condicional para permanecer en el programa, algo que no solemos escuchar generalmente.

Pero el momento más excepcional de mi visita fue durante la ceremonia de graduación de los presos que habían completado todo el programa de dieciocho meses. Cuando un preso se me acercó para recibir su certificado, con el rabillo del ojo pude ver una mujer alta y majestuosa que se puso de pie entre los visitantes. Su nombre era Sra. Washington. Ella avanzó hacia el frente, abrazó al preso y les declaró a todos: "Este joven es mi hijo adoptivo".

El lugar estaba electrizado. Vi a endurecidos criminales y toscos oficiales penitenciarios con lágrimas en los ojos, porque sabían que este hombre joven estaba tras las rejas por el asesinato de la hija de la Sra. Washington.

El llegar a este momento no les había resultado fácil a ninguno de los dos. Ron Flowers había mantenido su inocencia durante quince años en la prisión. Después de reunirse con un voluntario de IFI, él admitió, por primera vez en su vida, su crimen y oró que la familia de su víctima lo pudiera perdonar.

Por su parte, cada año de la sentencia de Ron, la Sra. Washington había escrito cartas llenas de ira a la junta que otorga la libertad condicional, instándolos a negarle la libertad condicional a Ron. Pero, curiosamente, en la misma semana que Ron confesó, la Sra. Washington sintió un convencimiento abrumador de que tenía que perdonar al hombre que había asesinado a su hija. Al día siguiente, ella le escribió a la junta diciéndole que ya no se oponía a la libertad condicional de Ron. Luego se puso en contacto con Ron para expresarle su perdón.

Su abrazo lleno de lágrimas durante la ceremonia de graduación era la culminación de una serie de cosas que sólo puedo caratular de milagrosas. Sólo la gracia sobrenatural de Dios puede reunir a un asesino y la madre de su víctima. Sólo el poder de la resurrección de Cristo puede crear amor donde sólo había odio y deseo de venganza. Yo sé que por mí mismo, jamás podría haber hecho lo que hizo esta mujer.

Y si puede ocurrir un milagro en la prisión, puede ocurrir en cualquier parte. El poder de Dios puede penetrar en los rincones más oscuros de la sociedad para que haya una transformación radical. Esto es lo que nunca debemos olvidar cuando nos enfrentamos a la sólida falange de una cultura hostil que se inclina hacia la inmoralidad y la decadencia. Como cuando Eliseo oró que su criado pudiera ver el ejército invisible de ángeles en sus carros de fuego, tenemos que orar para poder ver que "los que están con nosotros son más que ellos" (2 Reyes 6.16).

La historia de la Sra. Washington no finaliza con esta dramática reconciliación. Un amigo se conmovió tanto que le envió un regalo de $10.000. Ella, de inmediato, le envió parte del dinero a Ron Flowers para ayudarlo a comenzar su nueva vida fuera de la prisión, y el resto lo usó para establecer una beca en el nombre de su hija en su iglesia. Dicha generosidad sólo puede emanar de una experiencia profunda de la gracia redentora de Dios.

Por lo tanto, ¿tenemos razones para sentir esperanza en las primeras décadas del nuevo milenio? Absolutamente. La razón puede ser expresada con tres simples palabras: *el sepulcro vacío*. Cristo ha conquistado la muerte y el pecado, y ese mismo poder es nuestro por medio de la fe.

Tenemos que vencer la tentación a desesperarnos. Es verdad que las fuerzas en la guerra de culturas no son parejas, ya que nosotros tenemos un ejército de ángeles de nuestro lado. Y aquellos que están con nosotros siempre serán muchos más que los que están en el mundo.

CÓMO TRANSFORMAR NUESTRA NACIÓN

Por el bien del argumento, digamos que Dios usó los ataques del 11 de septiembre, el huracán Katrina y otros desastres como señales de juicio. Lo que nos va a salvar entonces no son los infantes de marina, los misiles, satélites, bombas inteligentes, controles de inundación o políticas del gobierno; lo único que nos va a salvar es un arrepentimiento profundo y genuino.

El juicio siempre comienza con el pueblo de Dios. De modo que el primer mensaje de la iglesia debe apuntar a nuestra propia necesidad de arrepentimiento. Y, si somos honestos, tenemos mucho de qué arrepentirnos; nuestros ídolos son muy parecidos a los de la cultura.

Vez tras vez, a lo largo del Antiguo Testamento, vemos al pueblo de Dios que cae en el pecado de la idolatría, siendo oprimido por sus enemigos, arrepintiéndose y siendo liberado por Dios. El mensaje es claro: tenemos que arrepentirnos por nosotros mismos y nuestra nación, así como lo hizo Nehemías antes de que Dios lo nombrara para el liderazgo. Más tarde, él llevó a los judíos (que acababan de regresar del exilio persa) a confesar y arrepentirse en conjunto. Tendríamos que entender el arrepentimiento de la misma manera que Martín Lutero: lo principal en la vida en Cristo.

William Wilberforce era un miembro cristiano del Parlamento que luchó por abolir la trata de esclavos en el Imperio Británico. Durante un momento crucial de esa campaña, él dijo que su esperanza para Inglaterra dependía "no tanto de sus barcos y ejércitos, ni de la sabiduría de sus gobernantes, como del convencimiento de que ella aún posee muchos que aman y obedecen el evangelio de Cristo, que sus oraciones puedan aún prevalecer".

Tenemos que prestar siempre atención de cómo lo expresamos a nuestros amigos. No estamos culpando a Dios por los ataques terroristas u otros desastres. Dios no crea el mal, pero lo usa para sus propósitos. Esa es la gran diferencia. A pesar de que ocurrió hace una década ya, siento una gran carga por lo ocurrido el 11 de septiembre. A veces, me encuentro implorando la misericordia de Dios: para mí mismo, la iglesia, mi ministerio y nuestro país.

Si no me equivoco al pensar que Dios puede estar usando acontecimientos desastrosos para despertar a los Estados Unidos, tenemos que enfrentarnos a la misma realidad aleccionadora a la que se enfrentó Wilberforce. No lograremos realmente prevalecer gracias a los esfuerzos de nuestro gobierno, sino únicamente si Dios en su misericordia decide perdonarnos, sanar nuestra tierra y darle a los Estados Unidos otra oportunidad. Esto significa que el rol de la iglesia es de una enorme importancia.

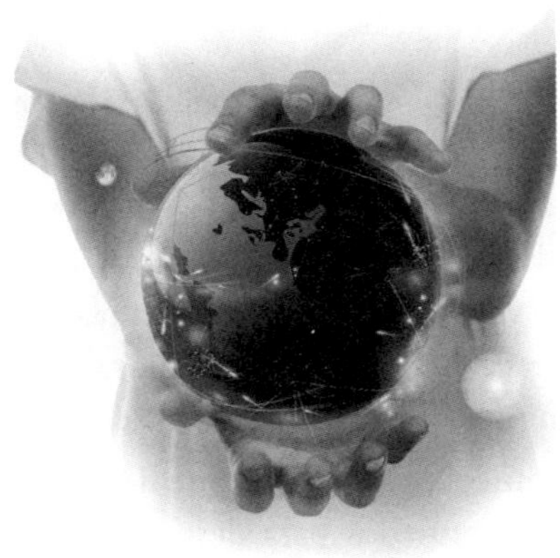

13
LA IGLESIA POLÍTICAMENTE COMPROMETIDA

La naturaleza del poder hace que el gobierno sea una amenaza constante a la libertad religiosa de cualquier nación[6]. El apetito del gobierno por el poder puede no sólo amenazar a la iglesia, sino también a otras instituciones y libertades también. Los cristianos, con su conocimiento de la naturaleza del pecado y su tendencia a corromper a aquellos que esgrimen el poder, están en una posición única para influenciar a la sociedad de una manera que proteja esas libertades e instituciones. Es por eso que es crucial que la iglesia se comprometa políticamente: no para ejercer poder, sino para proteger las libertades garantizadas por la Constitución.

Estoy seguro de que nadie es ciego a la tendencia del gobierno de expandir su poder. La crisis económica que comenzó en 2008 ha fomentado una rápida expansión del control del gobierno sobre los bancos e industrias. Y a menos que el Congreso o los tribunales anulen la legislación actual, pronto se va a apoderar de la asistencia médica, que por sí sola suma una sexta parte del producto bruto nacional de los Estados Unidos. Esta transferencia de responsabilidades indica que debemos tener cuidado, en especial los cristianos.

En los años 60, Jacques Ellul, el excéntrico pensador francés reformado, profetizó que todos los aspectos de la vida se iban a politizar. En su profético libro, *The Political Illusion,* predijo que el occidente adoptaría la idea de que todos los problemas tienen una solución política. Esto, advirtió, hace que los ciudadanos comunes dependan cada vez más del estado y tengan un control cada vez menor del gobierno.

Desde la Nueva Frontera de Kennedy a la Gran Sociedad de L. B. Johnson a la iniciativa educativa Ningún Niño Queda Atrás de Bush, los retadores prometen nuevos programas y, cuando son elegidos, tratan de cumplirlos. El resultado: programas apilados sobre programas, agencias sobre agencias, y toda la estructura de gobierno se convierte en algo tan pesado que ya no puede funcionar más. Vimos que esto ocurría luego del huracán Katrina y el derrame de petróleo de BP en el golfo, y me temo que podríamos volver a verlo durante otro ataque terrorista.

Cuando el gobierno expande su poder, los individuos son los máximos perdedores. Prácticamente todos tienen que lidiar con el gobierno, ya sea para obtener un permiso para conducir como para abrir un negocio. A menudo terminamos atascados en una parálisis burocrática, incluso por asuntos menores, tal cual lo predijo Ellul.

Incluso los cristianos pueden sucumbir a las ilusiones políticas. Hace varios años atrás, un líder cristiano dijo bruscamente: "Pienso que la legislación nos ha quitado la posibilidad de un avivamiento espiritual". Algunos cristianos casi parecen derrotados cuando "nuestros" candidatos pierden.

Pero el verdadero mal de la ilusión es que nos distrae de otros aspectos de la vida. La política es importante, por supuesto: los cristianos tenemos el deber de ser los mejores ciudadanos, aportando los asuntos de justicia y rectitud a la vida pública. La importancia de ser activos en el ámbito político es aparente cuando nos damos cuenta de que las dos personas designadas por Bush para la Corte Suprema fueron los que contribuyeron a la decisión de la Corte de mantener la prohibición del aborto en los últimos meses del embarazo. Pero tenemos que mantener la actividad política en perspectiva, viendo que cumpla su rol apropiado en lo que el político y líder de iglesia holandés Abraham Kuyper rotuló como "soberanía de esferas", donde cada esfera (familia, iglesia, gobierno) lleva a cabo su propia responsabilidad frente a Dios.

Esto significa que tenemos que protegernos contra la invasión del gobierno en otras esferas y no permitir que la ilusión política nos impida ver qué es lo que hace que la vida sea rica y significativa: familia, iglesia y comunidad. En pocas palabras, la cultura.

El concepto del equilibrio de los poderes proviene directamente de las doctrinas cristianas. Los reformadores introdujeron la idea de la soberanía de las esferas, que sostiene que el rol del gobierno es limitado, de modo que las demás esferas, familia, iglesia y asociaciones voluntarias, tengan la libertad de ejercitar su autoridad. De manera similar, la enseñanza social católica aceptó el principio de subsidiariedad, argumentando que los servicios tendrían que ser prestados por las agencias más cercanas a los destinatarios.

En ambas tradiciones, el poder del estado está limitado por estructuras intermedias que actúan como freno del gobierno todopoderoso. Pero el alcance cada vez mayor del gobierno puede amenazar las asociaciones voluntarias, lo que el filósofo inglés Edmund Burke denominó "los pequeños pelotones".

Por ejemplo, al establecer el nuevo Ministerio de Asociaciones Vecinales y Basadas en la Fe de la Casa Blanca, el presidente Obama no incluyó la tácita exención de la era Bush de la no discriminación federal en los requisitos de empleo de los ministerios que se basan en la fe. Joshua DuBois, que encabeza el ministerio, dijo que ellos se van a ocupar de este asunto caso por caso, mientras que deciden si cambiar o no las reglas federales. Suena como algo razonable, pero ¿quién estaría dispuesto a arriesgar dinero y credibilidad en un programa de alcance que podría ser considerado ilegal más adelante?

Por otra parte, muchos de los refugios para los enfermos de SIDA y los establecimientos para las personas sin techo están manejados por organizaciones benéficas católicas y el Ejército de Salvación, que dependen en parte de fondos del gobierno. Pero si la administración de Obama les ordenara a estos grupos emplear a personas que no comparten sus creencias religiosas, los ministerios probablemente renunciarían a los fondos antes que aceptar esa orden. Los pobres en los Estados Unidos sufrirían inicialmente, pero más adelante, los que sufrirían serían los contribuyentes impositivos, cuando se les obligara a pagar por los servicios.

Una segunda amenaza para la iglesia es la propuesta de eliminar una cláusula de conciencia que permite que los doctores, enfermeras y farmacéuticos se nieguen a proporcionar "cuidados" (o sea, abortos) o drogas que vulneren su conciencia. El matar la cláusula de conciencia debilitaría el rol de los cristianos en el suministro de cuidados médicos y pondría en peligro los derechos de la Primera Enmienda de los proveedores de asistencia médica.

Además, la Casa Blanca desea reducir la deducción del impuesto a las ofrendas benéficas para los donantes adinerados. El Centro de Políticas de Impuestos dice que esto tendría la inintencionada consecuencia de reducir las contribuciones benéficas en $9 billones.

¿Por qué querría alguien debilitar los pequeños pelotones que manejan nuestras iglesias, escuelas, organizaciones benéficas y comités asesores y que proveen servicios a los pobres y a los que padecen sufrimientos? Parte de la respuesta es que los burócratas gubernamentales tienen un insaciable apetito por el poder, yo lo sé porque solía ser uno de ellos, y desean controlar vastas sumas de dinero.

En la educación, vemos la misma tendencia hacia el control del gobierno. El Congreso está permitiendo que caduquen 1.700 vales para los niños pobres en el Distrito de Columbia. Estos vales sacaron a niños de algunos de los peores colegios públicos de los Estados Unidos para enviarlos a colegios privados seguros. ¿Por qué haría eso el Congreso? En vez de vales, el presidente Obama y la mayoría de los demócratas favorecen a las escuelas chárter (escuelas independientes financiadas con fondos públicos) que son instituciones gubernamentales y, por lo tanto, aceptables para los gremios de maestros y los burócratas.

Tal vez, la estructura intermedia más importante, la familia, quedará irremediablemente dañada si nuestros tribunales imponen el así llamado matrimonio del mismo sexo mediante un decreto judicial, como en Iowa, Connecticut y Massachusetts. Como lo hemos notado anteriormente, en los países escandinavos que reconocieron las uniones de personas del mismo sexo, los matrimonios heterosexuales comenzaron a declinar de inmediato. Con la eliminación de la exclusividad del matrimonio, las parejas no veían ninguna razón para casarse, lo cual significa que más hijos nacieron fuera del matrimonio. Durante treinta y tres años, he sido testigo en nuestras prisiones de las consecuencia de la ruptura del matrimonio: una corriente de hijos disfuncionales y, a menudo, peligrosos.

Alexis de Tocqueville entendió el rol vital que desempeñan los pequeños pelotones de los Estados Unidos. Las asociaciones voluntarias, argumentaba, amortiguan el estado todopoderoso, el cual posee la tendencia natural de querer quitarle a los individuos "el trabajo de pensar y el dolor de vivir", convirtiendo a los ciudadanos en "animales tímidos e industriosos, bajo el cuidado del gobierno, que es su pastor".

Hannah Arendt, una brillante teórica política del siglo veinte, observó este fenómeno de forma directa en Alemania, describiendo en su libro clásico *The Origins of Totalitarianism* cómo los regímenes totalitarios triunfan mediante la atomización de la sociedad, creando una masa de individuos aislados de las estructuras que mantienen unidas a las sociedades civilizadas. El resultado es que los individuos quedan solos de pie ante el inmenso poder del estado.

Los Estados Unidos están lejos de esto, pero cuando me doy cuenta de con qué facilidad podría ocurrir, recuerdo el hombre desconocido que, en 1989, se paró solo en la Plaza de Tiananmen frente a una hilera de tanques de guerra chinos. El asegurarnos de que esto no ocurra en los Estados Unidos es la solemne responsabilidad de todo cristiano.

NO SE TRATA DEL PODER

La iglesia puede desempeñar un rol vital en la protección de los individuos de la amenaza del totalitarismo. Pero cada vez más parece que la participación de los cristianos conservadores en la política no es bienvenida por la prensa o por los que esgrimen el poder político. Al acercarse cada elección, los evangélicos conservadores con mentalidad política descubren que más que estar involucrados en el problema, ellos son el problema. En el *Chicago Tribune* leemos un titular que dice "La derecha religiosa muestra su fuerza". El *Arizona Republic* advirtió que "la derecha religiosa está ocasionando una guerra casi civil en algunas campañas". El cuchicheo en el Congreso hoy día, como lo fue en varias elecciones recientes, es que la Derecha Religiosa está dividiendo a las filas conservadoras.

Pero estas imágenes belicosas podrían ocasionar un verdadero daño a la actividad política evangélica.

Antes de las elecciones del 2000, el celebrado discurso de Jim Dobson amenazando con abandonar el partido republicano suscitó una masiva atención de la prensa. Los preocupados líderes del partido convocaron una Reunión de Alto Nivel sobre los Valores y acordaron tomar acción en cosas tales como el aborto y la multa a los matrimonios.

Dobson llevó a cabo un noble servicio al sacudir al Congreso de su letargo, pero nada hace sonar la alarma en la prensa más rápidamente que los movimientos políticos en medio de la Derecha Religiosa. Los periodistas inmediatamente advirtieron en tonos apocalípticos que los conservadores religiosos estaban "marchando sobre Washington" y que "estaban exigiendo lo que se les debía".

Los artículos describían a los cristianos como un poderoso bloque de votantes que produjo el 45 por ciento de los votos que culminaron con el triunfo aplastante de los republicanos en el Congreso en 1994. Muchos aludieron a la frase de Ralph Reed que los conservadores cristianos estaban exigiendo "su lugar en la mesa" y los describieron en los mismos términos usados para un gremio laboral o cualquier otro grupo de intereses especiales.

Una década después de que fueron escritas esas críticas, la opinión negativa de la prensa y los que se dedican a promulgar el poder no había cambiado. Poco tiempo después de que el presidente Bush anunciara la nominación de Samuel Alito, me llamó un senador superior de los Estados Unidos simpatizante con las causas cristianas. "Sé que esto puede sonarle extraño", comenzó por decirme, "¿pero podría hacer que algunos de sus amigos religiosos conservadores redujeran su apoyo al juez Alito?" Su oposición a Harriet Miers, explicó, había en realidad ayudado sus posibilidades políticas. Pero el día que anunciaron a Alito, un líder pro-vida se vanaglorió: "Ahora estamos yendo a toda velocidad hacia el descarrilamiento de *Roe versus Wade*". Esa clase de palabras podría aniquilar las oportunidades de Alito, me advirtió el senador.

El respaldar candidatos judiciales puede hacer más mal que bien, lo cual nos dice que los estereotipos impulsados por los medio de comunicación acerca de la Derecha Religiosa se han afianzado. ¿Con cuánta frecuencia han escuchado que la prensa dice que la Derecha Religiosa desea "imponer" sus puntos de vista a los americanos, incluso comparándola con el Talibán? Es una denuncia espantosa, porque ningún grupo privado en la democracia puede "imponer" sus puntos de vista. Nosotros los cristianos simplemente luchamos por nuestra posición en un mercado abierto.

Sean los estereotipos razonables o no, es tiempo de tomar en serio algunas de las críticas. Tiemblo cada vez que escucho declaraciones triunfales de los líderes cristianos, porque ellas alimentan dichos temores. Y eso es comprensible, cuando un líder cristiano predice que la ira de Dios caerá sobre la gente de Dover, Pennsylvania, por haber rechazado las alternativas a la evolución en su currículo escolar. Si somos honestos, tenemos que admitir que a menudo actuamos como si fuéramos poderosos porque tenemos, o decimos tener, grandes circunscripciones electorales. Por ejemplo, después de la reelección del presidente Bush en 2004, los líderes cristianos argumentaron que merecían una remuneración por entregar los votos para su victoria. Algunos incluso le advirtieron al presidente que si no apoyaba una prohibición del así llamado matrimonio gay, no apoyarían sus reformas a la Seguridad Social.

Estos líderes pueden haber tenido buenas intenciones, pero esto no es más que corretaje de poder: la clase que permite que nuestros críticos digan que estamos igualando la fe cristiana con una agenda política. Tenemos que recordar que cualquier influencia que tengamos se la debemos a la autoridad moral que derivamos de nuestro servicio a Dios, no de la cantidad de nombres que figuran en nuestra lista de direcciones de correo.

El buscar triunfos políticos de esta manera tan torpe no es sólo un mal testimonio: es poco sabio. A la larga, necesitamos tanto las victorias políticas como el apoyo cultural. Incluso si los candidatos judiciales del presidente Bush inclinaran a la Corte para que revirtiera *Roe versus Wade* (como oro para que así sea), ¿habría menos abortos? No de inmediato. El asunto volvería luego a los cincuenta estados, y tendríamos cincuenta batallas en vez de una. Por supuesto, la ley nos enseña moral, pero cambiar la ley es un triunfo hueco a menos que cambiemos el consenso moral también.

Por lo tanto, para cambiar la cultura tenemos que aprender cómo captar el proceso político de manera más efectiva. Requiere una mentalidad diferente. Tendremos que reconocer que estamos apelando a la mentes y los corazones, no torciendo brazos. Tanto en hechos como en apariencia, no estamos buscando imponer, sino proponer.

No estamos exigiendo algo para nosotros mismos; estamos invitando a un mundo hambriento y necesitado a venir a Cristo y a encontrar bondad y abundancia de vida. La iglesia cristiana hace una Gran Propuesta, invitando a todos a venir a la mesa sin distinciones de origen étnico, antecedentes o estado financiero. Estamos invitando a la gente a que considere una visión del mundo que sea viable, que tenga sentido, en la que la gente puede descubrir *shalom* y progreso humano.

Esto significa, primero, amar a los que luchan en contra del proceso político. Martin Luther King Jr. dijo: "A quién quieran cambiar, tienen que primero amar". Algunos líderes cristianos lo entienden. El ya fallecido Jerry Falwell, aparte de todo lo demás que pueda haber hecho, hizo todo lo posible para captar a la comunidad gay que protestaba en su contra. Dobson dio el mismo ejemplo cuando un grupo de manifestantes rodeó las oficinas centrales de Focus on the Family.

Segundo, ofrecemos nuestro testimonio más fuerte cuando demostramos que amamos a los demás luchando en contra del SIDA en el África o en contra del amplio comercio del tráfico sexual, o reformando las prisiones y los prisioneros, o amando al menos amado.

Nuestro mandato cultural nos exige esforzarnos para conseguir justicia y rectitud de modo que la creación de Dios refleje su majestad y bondad. Esto incluye involucrarse en la política. Pero tenemos que recordar que cuando lo hacemos, estamos proponiendo un camino más excelente hacia una sociedad carenciada, y que lo hacemos con amor, por mucho abuso que recibamos.

CÓMO OBTENER AUTORIDAD MORAL

Cuando el mundo nos ve trabajando a favor de los derechos humanos, obtenemos una autoridad moral que atempera los ataques en la plaza pública contra "el imponer nuestra moralidad". Un columnista del *New York Times* que se opone con vehemencia a nuestros esfuerzos políticos ha, sin embargo, elogiado a los cristianos por el trabajo que nos ha visto desempeñar en todo el mundo.

Otro reportero preguntó: "¿Por qué los evangélicos están tan preocupados acerca del SIDA en el África y el tráfico sexual y de esclavos en el Sudán? Pensé que lo único que les preocupaba era el aborto y los derechos de los gay?" El reportero de una prestigiosa revista que había estado siguiendo las iniciativas de la política exterior de la administración Bush se topó con un hecho curioso: los evangélicos estaban detrás de la mayoría de ellas.

La pregunta del reportero me dio una oportunidad maravillosa de explicar que los evangélicos creen en la santidad y dignidad de *toda* la vida humana, no sólo de los niños que no han nacido, sino también de los esclavos sudaneses, de las víctimas del tráfico sexual, y de los africanos con el SIDA.

El reportero lo entendió. Su siguiente página en primera plana contenía un elogio inusual de los evangélicos. Esta experiencia ofrece una idea de cómo podemos constituirnos en un testimonio poderoso.

A lo largo de los últimos años, los evangélicos han activamente promovido una política exterior moralmente cimentada. Hace una década, cuando nadie hablaba de los horrores del tráfico sexual, los conservadores Bill Bennet y yo, impulsados por el infatigable campeón de los derechos humanos Michael Horowitz, ayudamos a organizar una coalición para combatir este mal. Prestamos testimonio en el Congreso, oponiéndonos a la administración de Clinton, que había sucumbido a las feministas radicales quienes argumentaban que la prostitución tendría que redefinirse como "trabajo sexual", siendo tan sólo otra opción de trabajo, como ser enfermera o maestra.

Debido al liderazgo de cristianos como Frank Wolf, Chris Smith, Joe Pitts y otros en el Congreso, la legislación fue aprobada en el 2000 autorizando sanciones. Cuando asumió la administración de Bush, nombró un "abolicionista", el valiente ex congresista John Miller, para que liderara la agencia para la de investigación de tráfico humano.

Durante su discurso en las Naciones Unidas en 2003, el presidente Bush denunció poderosamente el "mal especial" del tráfico sexual. La reportera que me estaba entrevistando, me dijo que estaba asombrada por el discurso del presidente: ¿presentar asuntos morales delante de las Naciones Unidas? "¿Fue acaso debido a su fe?, se preguntó.

Los evangélicos liderados por Franklin Graham despertaron nuestra conciencia en lo que concierne a los africanos con el SIDA. El presidente mismo estaba entusiasmado, pero enfrentó mucha oposición, particularmente porque apoyó el programa de ABC (abstinencia primero, ser monógamo, preservativos sólo si fuera necesario). Varios de nosotros nos reunimos con el presidente y lo ayudamos a movilizar a la comunidad cristiana. El resultado: un paquete de $15 billones que no sólo trata a los enfermos, sino que también previene el SIDA mediante la abstinencia.

Luego tenemos la esclavitud en el Sudán: el primer asunto que Bennett y yo le presentamos a Karl Rove, estratega político de la Casa Blanca, después de que Bush fuera electo. La administración se puso firme, nombrando al ex senador John Danforth como enviado especial, y la comunidad evangélica hizo todo el esfuerzo posible para movilizar al Congreso. El resultado fue la Ley de Paz en el Sudán, que nos ha dado la mejor oportunidad para ponerle fin a la esclavitud y el genocidio.

Claramente, el presidente Bush tenía esta agenda moral en mente. En un discurso elocuente, pero poco notado, al Comité Judío Americano en mayo de 2001, Bush hizo su primera apelación a los derechos humanos. Luego, en su discurso del palacio Whitehall en noviembre de 2003, defendió la política exterior basada en la moral. La sobria audiencia británica estaba maravillada cuando el presidente habló de rastrear las raíces espirituales de nuestra nación al movimiento evangélico británico de los siglos dieciocho y diecinueve. Habló de la "incansable compasión de Lord Shaftesbury, la honrada valentía de Wilberforce", y de las Buenas Nuevas "traducidas por Tyndale, predicadas por Wesley, llevadas a cabo en el ejemplo de William Booth".

"Las más profundas creencias de nuestra nación dictan la dirección de nuestra política exterior", dijo el presidente. "Nosotros valoramos nuestros propios derechos civiles, de modo que respetamos los derechos humanos de los demás. Afirmamos la dignidad que Dios le ha dado a cada persona, de modo que nos vemos impulsados a actuar por la pobreza y la opresión y el hambre y la enfermedad".

Lo mismo tiene que ocurrir con los evangélicos hoy. Siguiendo los pasos de Wilberforce, tenemos que hacerle frente a los horrores morales de nuestros días. Y cuando obramos por causas que la gente a través de todo el espectro político entiende que promueven el bien humano, rompemos el molde de los estereotípicos "fanáticos que agitan la Biblia".

No lo hacemos por ese motivo, por supuesto; lo hacemos porque es nuestro llamado. Pero cuando el mundo nos ve defendiendo a los pobres, los esclavizados, los perseguidos, y las víctimas del tráfico sexual, nuestros argumentos sobre la protección de los que no han nacido y la dignidad de toda la vida humana tienen credibilidad.

Esta credibilidad se extiende hasta las páginas del *New York Times*, donde el columnista Nicholas Kristof escribió recientemente: "He perdido mi cinismo sobre los grupos evangélicos, en parte porque he visto la obra que realizan en otros países".

Para gran parte del mundo que observa, nuestra constante preocupación por el "más pequeño de estos" en cada tierra tiene que ser nuestro testimonio más poderoso.

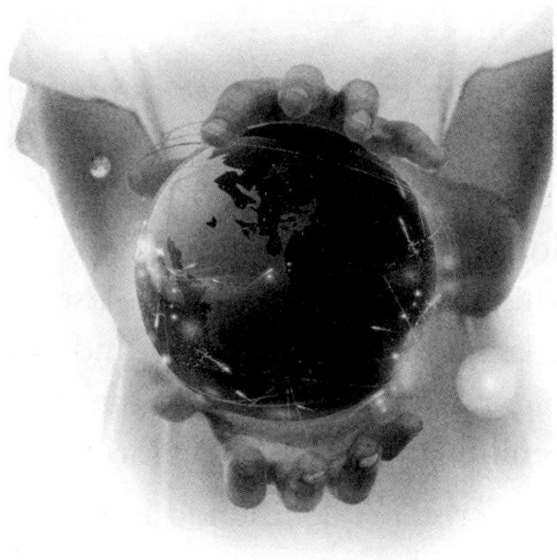

14
LA CLAVE PARA UNA SOCIEDAD UNIFICADA

En los Estados Unidos existe también una crisis de identidad que está burbujeando debajo de la superficie[7]. En su libro *Who Are We?*, el erudito Samuel P. Huntington documenta varios de los desafíos al sentido cohesivo de la identidad estadounidense. Primero, aun cuando los primeros colonizadores e inmigrantes nunca fueran étnicamente homogéneos, ellos comerciaban principalmente en la misma moneda cultural anglo-protestante. Pero, a medida que las tendencias demográficas del siglo veintiuno atraen cada vez más a la gente de otros cuadrantes del mundo, las suposiciones culturales compartidas se van erosionando.

Lo que empeora aún más el problema es el aumento de la ciudadanía doble y una mayor cantidad de identidades subnacionales, que han creado lealtades divididas. Entretanto, en la comunidad comercial, una economía cada vez más globalizada ha obligado a los líderes a adoptar una mayor identidad transnacional, los que algunos llaman el "hombre de Davos". Y aparte del resurgimiento temporario del patriotismo después del 11 de septiembre, Huntington documenta cómo las elites académicas han abierto el camino para la devaluación del patriotismo y la historia de los Estados Unidos.

Nosotros nos vanagloriamos con justicia de nuestra sociedad multiétnica y multirracial. Pero a medida que nuestra sociedad se torna cada vez más diversa, ¿cómo podremos entender nuestra identidad nacional?

Huntington plantea cuatro soluciones posibles. La primera es una comunidad de credo cuya identidad solamente existe en un contrato social encarnado en la Declaración de la Independencia y otros documentos fundadores. Históricamente, esto ha provisto cohesión. La siguiente opción es una América bifurcada, una que es bilingüe y bicultural como Canadá o Bélgica. La tercera opción es una noción exclusivista o imperial de los Estados Unidos. Y la última alternativa, la que Huntington sin duda favorece, es una cultura central revigorizada y una religión unida con la solución anterior de una comunidad de credo revigorizada.

¿Puede una visión cristiana del mundo instruirnos mientras luchamos con nuestra identidad nacional? Cualquier clase de sociedad racial y étnicamente intolerante sería incompatible con los principios cristianos. Además, sabemos que los valores centrales de nuestros credos, que promueven en particular la dignidad de todas las personas, coinciden con las Escrituras y merecen ser preservados. El patriotismo estadounidense no descansa en un nacionalismo patriotero, sino en un credo universal que dice: "Todos los hombres han sido… dotados por su Creador con ciertos derechos inalienables".

La libertad es uno de esos derechos inalienables. Y este valor básico, también enfatizado en las Escrituras, nos enseña que no podemos imponer nuestras creencias en los demás. Nuestros fundadores sin embargo comprendieron que la libertad de religión no es sinónima con la supresión de la religión de la vida pública, un problema que yo y otros abordamos en la Declaración de Manhattan de 2009. De modo que si Huntington tiene en efecto razón al decir que los Estados Unidos necesitan un compromiso religioso robustecido, esto no proviene de una religión ordenada por la nación, sino más bien de un pueblo revigorizado.

EL AUMENTO DEL ANALFABETISMO ESPIRITUAL

Una de las causas de la crisis de identidad en los Estados Unidos que podría muy bien provenir de las múltiples culturas es la pérdida de la comprensión de todos de ciertos principios y conceptos profundamente arraigados. Sólo unas pocas décadas atrás, estos conceptos podían ser expresados en simples alusiones o frases tomadas de una fuente de valores y visiones del mundo que el país sostenía en común. Dos ejemplos lo demuestran.

Junio de 1940: los ejércitos de Hitler estaban listos para destruir al arrinconado ejército británico, varado en las playas de Dunquerque. Mientras el pueblo británico esperaba ansioso conocer su suerte, el ejército sitiado transmitió un mensaje de tres palabras: "*And if not*" (pero aun si no).

Al instante, el público británico reconoció el mensaje: una referencia a las palabras de Sadrac, Mesac y Abednego de pie frente al horno en llamas del rey Nabucodonosor en Daniel 3. "Nuestro Dios puede salvarnos... *pero aun si no,* sepa usted que le permaneceremos fieles de todas maneras". El mensaje estimuló al pueblo británico. Miles cruzaron el Canal de la Mancha en barcos para rescatar a su ejército.

Enero de 2001: el presidente recién electo en los Estados Unidos pronuncia su discurso inaugural. Comentando acerca de él, Dick Meyer de CBS News confiesa: "Hubo unas pocas frases en el discurso que simplemente no entendí. Una de ellas fue: "Cuando vemos a ese viajero herido en el camino a Jericó, no nos cruzaremos al otro lado". Meyer concluye: "Espero que no haya una prueba".

Qué diferencia hacen seis décadas. Durante siglos, las referencias bíblicas eran la moneda común del discurso occidental. Como lo demuestra Dunquerque, los ciudadanos estaban tan empapados de las Escrituras que de inmediato reconocieron la críptica alusión bíblica. Pero hoy día, esa memoria se ha borrado. Consideremos lo siguiente: el encuestador George Barna dice que sólo un pequeño porcentaje de americanos pueden nombrar los Diez Mandamientos y sólo un 42 por ciento puede identificar quién predicó las bienaventuranzas. Como explica el teólogo de Oxford, Alister McGrath: "En una cultura cada vez más secular, menos y menos gente fuera de la comunidad cristiana comprenden realmente qué es lo que creen los cristianos".

El analfabetismo espiritual representa un predicamento aleccionador para la iglesia: ¿cómo podemos evangelizar a vecinos que ya no reconocen, y menos aún piensan, en términos cristianos, gente a quién el lenguaje y la literatura de nuestra fe les resulta, a efectos prácticos, una lengua extraña?

Podemos comenzar por reintroducir a los niños de nuestra nación en la lectura de la Biblia en las aulas de los colegios públicos. Sí, es legal, si lo hacemos de la manera correcta. Desde los años cincuenta, muchos niños de escuelas públicas han tomado parte en *Released Time Bible Education*, en la que los alumnos se alejan del ámbito escolar durante el horario de clases para estudiar las Escrituras de manera devocional. Pero además, los tribunales han consecuentemente apoyado el estudio académico de la Biblia *dentro* de las aulas de clase. Los alumnos se pueden concentrar en la Biblia como un texto literario, aprendiendo las narraciones, símbolos y caracteres más importantes de la Biblia. También pueden aprender cuán profundamente han influido las enseñanzas bíblicas al teatro, la poesía y la ficción del Occidente. Después de todo, ¿cómo pueden apreciar totalmente los niños las obras de Shakespeare, Milton o los clásico como *La Cabaña del Tío Tom* sin algún tipo de conocimiento de las Escrituras?

Los alumnos también pueden estudiar la Biblia en las clases de historia, aprendiendo sobre los muchos documentos históricos que contienen referencias bíblicas y cómo los americanos invocan las Escrituras en debates que van desde la abolición y la templanza a los derechos civiles y el aborto como por ejemplo, el discurso de Martin Luther King Jr. "Yo tengo un sueño" alude en parte a Isaías. ¿Pueden los individuos ser buenos ciudadanos si no conocen su propia historia?

El enseñar la Biblia de esta manera no será sencillo: la ACLU y otros negativistas estarán al acecho en los pasillos de los colegios, listos para hacerle juicio a cualquier distrito que muestre disconformidad. Para ayudar a los colegios a navegar los campos legales minados, el Proyecto de Alfabetización Bíblica ha desarrollado un currículo de la Biblia para usar en las escuelas públicas que pasen la inspección constitucional. Para garantizar el equilibrio, lo revisó una coalición que va desde el Comité Judío Americano a la Asociación Nacional de Evangélicos a la Federación Americana de Maestros. Y para alentar a las juntas escolares, los abogados del Fondo Becket han ofrecido defender, sin costo alguno, a cualquier distrito escolar que sea demandado.

El Proyecto de Alfabetización Bíblica le dice a los padres cómo introducir el currículo en sus escuelas y responde a las inquietudes que padres de todas las religiones puedan tener al respecto. Algunos críticos temen que el sólo estudiar el rol de la Biblia en la historia, o como literatura, la desmerece. Yo no estoy de acuerdo. El educar la cultura de esta manera es lo que Francis Schaeffer llamó pre-evangelismo. Los cristianos pueden entonces tomar el siguiente paso, explicando por qué las Escrituras han tenido ese efecto; que en efecto, es la Palabra de Dios la que moviliza a los ciudadanos a actuar. Es mucho lo que está en juego. Los valores se transmiten de una generación a otra mediante lo que el sociólogo Robert Bellah denomina la "comunidad de memoria".

Tenemos que decidir si deseamos que nuestro lenguaje esté salpicado de referencias bíblicas o de expresiones vulgares y, a veces, poco amables. Sería una negligencia espiritual no aprovechar la oportunidad de restablecer el cristianismo como nuestra moneda cultural.

CÓMO APRENDER EL LENGUAJE DE LA CULTURA

La pérdida de alfabetismo bíblico ha creado un desafío único para los cristianos que desean afectar la cultura con la visión cristiana del mundo. Cuando la cultura ya no entiende nuestro lenguaje, tenemos que aprender a hablar en términos que ellos entiendan. Si la cultura ha perdido su memoria de nuestro lenguaje, tenemos que aprender el lenguaje de ellos. Los siguientes incidentes ilustran por qué es esto necesario.

Tim, de trece años, repasó la prueba semanal de su clase de ciencias y leyó: "¿De dónde proviene la tierra?" Sin pensar, escribió: "Dios la creó". Al día siguiente, su prueba vino de regreso con una gran marca en rojo y una calificación con 20 puntos menos. La respuesta esperada era el Big Bang.

Cuando la madre de Tim le contó a los miembros de su grupo de estudio bíblico, donde concurre mi esposa Patty, ellos estaban indignados. Ve a mostrarle a ese profesor lo que dice la Biblia, le instaron. Está aquí mismo en Génesis: *Dios* creó los cielos y la tierra.

Pero cuando yo escuché la historia, la asombré a la madre de Tim cuando la llamé y le advertí que no fuera a la clase con la Biblia en la mano. Para el profesor, eso era religión y su clase es sobre la ciencia. En cambio, le sugerí que le hiciera preguntas científicas: ¿Cómo comenzó el Bing Bang? Las cosas tienen que provenir de algo, de modo que ¿qué fue lo que ocasionó el Bing Bang?

Durante siglos, la sabiduría científica convencional enseñó que el universo era eterno. Pero la teoría del Big Bang ha dado dramáticas evidencias de que el universo tuvo un principio, tal como lo enseñan las Escrituras. Y si el Big Bang es el origen del universo, su causa tiene que ser algo más allá del universo: una causa trascendente.

Hoy día, los astrónomos debaten esas apasionantes cuestiones filosóficas. De modo que, ¿no tendrían que aprenderlas los estudiantes también? Los cristianos tendrían que argumentar la necesidad de más libertad académica, no menos. Tendríamos que desafiar a la *mala* ciencia con la *buena* ciencia.

Cada vez que planteo esto en público, puedo estar seguro de que voy a recibir un aluvión de cartas de cristianos que me preguntan: "¿Qué tiene de malo citar la Biblia?" Una estación de radio amenazó una vez cancelar la emisión de mi programa radial *BreakPoint*. "Es una herejía decirles a los creyentes que no citen sus Biblias", rezongó el gerente de la estación.

Pero esta reacción refleja una vasta confusión entre los cristianos entre la gracia redentora y la gracia común. Cuando predicamos y evangelizamos, somos instrumentos de la gracia redentora de Dios, y predicamos su Palabra con osadía, confiados en que nunca regresará vacía. La Palabra de Dios llega al corazón como una espada de doble filo.

Pero en la mayor parte de nuestra vida, somos instrumentos de la gracia *común* o providencia de Dios: su obra de mantener la creación promoviendo justicia y conteniendo el mal. Como sus siervos en esta tarea, estamos en el mundo (aunque no le pertenecemos) y tendríamos que traducir la verdad de Dios al lenguaje del mundo: hablando con los científicos en el lenguaje de la ciencia, a los artistas en el lenguaje del arte y a los políticos en el lenguaje de la política.

Desde la Caída, el mundo ha estado sujeto al mal y la corrupción, pero sigue estando aún bajo el dominio de Dios. Y los creyentes siguen siendo llamados, como lo dice Génesis 1, a ser los viceregentes de Dios, ejercitando su dominio en todos los aspectos de la vida. Los teólogos lo denominan el mandato cultural: expresar la imagen de Dios buscando la estructura subyacente de la creación y dándole forma al inventar cosas y desarrollar civilizaciones.

En nuestra vocación y círculos sociales, tenemos que trabajar por construir la sociedad en la que nos situó Dios, argumentando de manera persuasiva a favor de los principios que conforman a las buenas familias, buenas empresas, buenas estructuras políticas y, sí, buena educación científica.

Estos principios básicos están a disposición de los no creyentes así como de los creyentes, porque ellos también fueron creados a la imagen de Dios y viven en la creación de Dios. Nuestra tarea es la de comunicar las verdades de las Escrituras traduciéndolas al lenguaje contemporáneo. Como nos enseñó el ya fallecido Francis Shaeffer, necesitamos tratar la cultura moderna como un campo misionero, esforzándonos como se esforzaban los misioneros extranjeros por traducir nuestro mensaje a un idioma que puedan comprender nuestros oyentes. Porque aunque hablen inglés, ellos piensan en diferentes categorías conceptuales, las que tenemos que aprender y dominar para poder comunicarnos eficazmente.

Por ejemplo, en la Confraternidad Carcelaria luchamos por los principios bíblicos de justicia usando prudentes argumentos en la plaza pública. He hablado a muchas legislaturas estatales y comités del Congreso, argumentando que no tiene sentido dejar que prisioneros que no son peligrosos permanezcan ociosos detrás de las rejas. ¿Por qué no requerir que trabajen, ganando dinero para pagar restitución a sus víctimas?

Una vez que alguien ve el mérito de una idea, ella se puede convertir en una oportunidad de testimonio. Cada vez que hablo sobre la restitución, invariablemente algún político va a decir: "Qué buena idea. ¿De dónde salió?" Y yo le respondo: "¿Tiene usted una Biblia en su casa? Quítele el polvo y mire Éxodo. Lo que estoy recomendando es exactamente lo que Dios le dijo a Moisés hace miles de años atrás en el monte de Sinaí". Eficaces principios de justicia criminal tienen sus raíces directamente en las verdades bíblicas.

Cuando sus hijos vengan de la escuela con anotaciones en rojo en sus pruebas escritas, no corran al colegio esgrimiendo la Biblia. En cambio, encontremos maneras de traducir las verdades bíblicas a prudentes principios que los no creyentes puedan comprender y considerar persuasivos. Tal vez, esta obra no salve almas, pero es la manera de obedecer el mandamiento de Dios de promover la justicia y detener las fuerzas del mal en la sociedad. Es un medio de gracia común.

La Palabra de Dios no tiene sustitutos en la obra redentora de llevar al mundo a Cristo. Y tampoco hay sustitutos para los prudentes argumentos basados en la Biblia para preservar la obra de detener el mal y erigir la civilización.

LA LLAMADA A LA NACIÓN PARA QUE RECUPERE SU HERENCIA

No estoy sugiriendo que obliguemos a los ciudadanos de la nación a aprender la Biblia. Estoy simplemente diciendo que sus principios están arraigados en nuestra herencia nacional y principios fundadores, y nosotros ignoramos peligrosamente su influencia en los Estados Unidos. Seamos cristianos, judíos, musulmanes, hinduistas o ateos, no podemos preservar nuestras libertades a menos que reconozcamos y entendamos los principios emanados de la Biblia que forman la base de nuestra democracia.

Yo creo que para que la identidad nacional se destaque en medio de nuestra sociedad cambiante, tenemos que promover un nuevo compromiso con nuestros credos, un respeto por la historia de los Estados Unidos y un papel adecuado del patriotismo, basado en el amor hacia nuestros semejantes. La herencia de nuestros fundadores judeocristianos ayuda a producir una cultura en la que la responsabilidad moral, los principios éticos trascendentes y la dignidad de toda la gente puede florecer: una cultura en la que nuestros valores de credo tienen sentido. Esta es la razón por la que nuestro rol como levadura dentro de la sociedad es tan importante, y por qué debemos continuar aportando una influencia bíblica a la plaza pública, robusteciendo a la sociedad.

Al hacerlo, tenemos que protegernos de la fácil tendencia hacia la aceptación de las ideas xenofóbicas o de caer en la igualmente peligrosa trampa de promover las identidades subculturales por encima de nuestra identidad nacional. La gente no va a vivir, menos aún morir, por una nación que ha abandonado sus amarras religiosas y ha adoptado un credo que sugiere que simplemente vivamos juntos en un paraíso cosmopolita. Sin embargo, millones de nosotros hemos estado dispuestos a vivir y morir por creencias basadas en nuestras convicciones más profundas sobre Dios y el Hombre, convicciones que fueron tan bien expresadas en las conmovedoras palabras de nuestro credo nacional, la Declaración de la Independencia.

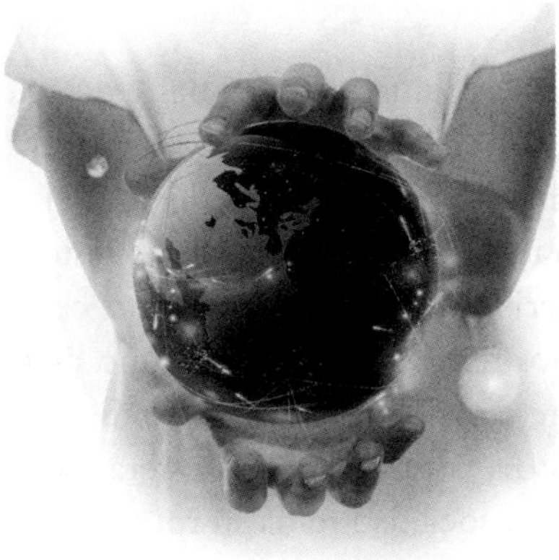

15
CÓMO SER LA IGLESIA DONDEQUIERA QUE ESTEMOS

Para aquellos que piensan que la Reforma ya no influye en la vida americana, les recomiendo un viaje al oeste de Michigan[8]. Yo estuve allí hace algunos años para la dedicación del Rich and Helen DeVos Arts and Worship Center en el colegio secundario cristiano de Grand Rapids. Todo era impresionante, diseñado con excelencia. Rich DeVos, quien había nacido en Grand Rapids y concurrido a ese colegio, jamás había perdido su amor por su comunidad, lo cual expresa a través de su filantropía.

DeVos no está solo. Cuando manejamos por los vecindarios del oeste de Michigan, vemos en edificio tras edificio los nombres de familias de la iglesia reformada holandesa que se asentaron es esa zona: el Instituto Médico Van Andel, el Hospital de Niños DeVos, el Centro de Conferencias Prince en Calvin College, los edificios DeWitt, DePree y Cook en Hope College. Y nombres como Huizenga, Volkema y Jansma llenan las oficinas empresariales que son ampliamente respetadas por sus esfuerzos para el bien de la comunidad.

Una devoción como esta refleja el compromiso cristiano hacia la comunidad, en agudo contraste con lo que está pasando en la cultura en los demás lugares. Esta era será recordada por sus escándalos empresariales en los que los tiburones empresariales falsifican los libros de contabilidad, estafan a los accionistas, dejan plantados a los empleados y luego huyen a sus mansiones en playas lejanas.

Lo que hace que los ciudadanos del oeste de Michigan sean tan diferentes es su herencia. Un pueblo fuerte y laborioso, los holandeses llegaron a Michigan y Iowa a mediados del siglo diecinueve explícitamente para sembrar, como lo dijo el historiador John Bratt, "comunidades cristianas para servir como centros de difusión del evangelio". Ellos reflejaban "el calvinismo cultural" que había llegado a su cumbre en la Holanda del siglo diecinueve. Enfatizaba el señorío de Cristo y la soberanía de esferas: la creencia de que cada institución en la sociedad tenía su rol asignado.

Esta visión influenciada por la Reforma continúa, razón por la cual el condado de Ottawa fue tan exitoso cuando, hace algunos años, el entonces gobernador John Engler desafió a los condados de Michigan a obtener empleos para todos las personas no discapacitadas que estuvieran recibiendo asistencia social. El condado de Ottawa le pidió ayuda a sus 250 iglesias. Sesenta se inscribieron. En el curso de un años, las listas de asistencia social se habían vaciado.

Este compromiso con la comunidad es la razón por la que los descendientes de los colonizadores originales han continuado reinvirtiendo sus ganancias en sus pueblos natales. Por ejemplo, residentes como el fallecido Edgar Prince y su familia, quienes lideraron los esfuerzos por limpiar el centro de Holland (sede del condado de Ottawa) y reconstruirla por completo. Incluso, la familia abrió un restaurante sabiendo que iba a perder dinero. ¿Por qué? Porque sirve como centro local de reunión, fomentando así el sentido de comunidad, como los cafés de antes. Los benefactores del pueblo se esforzaron conscientemente para dar a los ciudadanos una sensación de pertenencia y luego transmitieron esos valores a las generaciones siguientes.

Los cristianos tendrían que emular esta preocupación por la comunidad, especialmente por el suelo donde se criaron. Recuerden que la fe comenzó con comunidades de creyentes que vivían en una cultura hostil. Las características del tiempo y el lugar ayudan a darle forma a nuestra identidad.

Un gran erudito, Russell Kirk, no sólo escribió sobre la importancia de las raíces y la tradición, sino que las vivió. En 1994, poco antes de que falleciera, yo fui a visitarlo a su casa en Mecosta, Michigan. Ahora, Mecosta no es más que un pequeño pueblo de paso. Pero Kirk se quedó allí, a pesar de la inconveniencia, por el simple hecho de que seis generaciones de su familia habían vivido allí. Un verdadero conservador, tenía un sentido agudo del lugar y la pertenencia.

En la cultura móvil actual, no todos se pueden quedar en sus pueblos natales, como lo hizo Kirk, o como lo han hecho muchos de los inmigrantes holandeses. Factores sociales y económicos, la explosión económica después de la Segunda Guerra Mundial, la facilidad de volar y las compañías que se extienden por todos los países, han erosionado nuestro sentido de conexión con nuestras comunidades. Pero podemos echar nuestras raíces en los pueblos que ahora llamamos hogar. El principio sigue siendo el mismo: lo que producimos en y debido a nuestras comunidades tendría que regresar a ellas.

La mayor parte de los Estados Unidos solía ser como el condado de Ottawa. El deber cívico solía ser una virtud cardinal americana, tanto es así que Tocqueville comentó que no había diez hombres en toda Francia que hicieran lo que hacían los americanos comúnmente todos los días: levantar graneros, alimentar a los hambrientos y cuidar a los huérfanos. Los cristianos tienen que establecer el ejemplo de recuperar esta tradición y rejuvenecer en nuestras comunidades el sentido de responsabilidad que demuestran los ciudadanos holandeses reformados del oeste de Michigan.

C. S. Lewis, quien vivió casi toda su vida de adulto en la misma casa de Oxford, lo dijo correctamente: como cristianos, no podemos amar a todo el mundo. Pero tendríamos que recordar que Dios nos ha colocado en una comunidad específica en un momento en particular. Fuimos llamados a amar a los que nos rodean. El amarlos significa servirlos y, al hacerlo, nos convertimos en los mejores ciudadanos.

LOS INDIVIDUOS QUE PRODUCEN CAMBIOS

Lo que vi en el oeste de Michigan es un microcosmo de lo que significa ser la iglesia. La iglesia es un cuerpo, una comunidad de individuos, dedicados cada uno de ellos a los valores, la misión y la visión del mundo del todo y exhibiendo ese compromiso en su esfera individual de influencia. Cuando los individuos, actuando cada uno en su propia esfera de actividad, muestran los valores y las características de la comunidad de la iglesia, la cultura de la nación se ve afectada y cambiada.

La fuerza que impulsa a la vida estadounidense son esos "hábitos del corazón", como los llamaba Tocqueville, que he mencionado antes: las disposiciones y gustos del individuo que le dan forma al consenso moral de la nación. De modo que sea quien sea que ocupe la presidencia, la guerra cultural será librada en los vecindarios donde vive la gente. Y si estamos preparados, podremos triunfar en ese campo de batalla.

Tomemos el ejemplo de Lisa Hunter de una comunidad liberal del sudoeste. Mientras ordenaba un sábado la cocina, encontró el examen de ciencia de su hija Ashley de doce años. Ashley había marcado "explosión primitiva" para responder a la pregunta sobre los orígenes del universo.

Lisa se sentó con Ashley y le preguntó suavemente: "¿Crees realmente lo que has escrito?" Ashley comenzó a llorar. "No", le dijo, "pero esa era la respuesta que deseaba la maestra".

Lisa planteó el problema en una conferencia entre padres y maestros, pero cuando ella comenzó a presentar las evidencias del diseño inteligente, la maestra la detuvo. "Yo no tengo permiso para enseñar religión", dijo despectivamente.

Pero Lisa había hecho sus deberes. Había leído libros sobre Darwin y sobre el diseño inteligente, había aprendido a argumentar desde un punto de vista científico en contra de la filosofía naturalista. Lisa se dirigió hacia la oficina de la directora del colegio y planteó su caso. La directora la sorprendió a Lisa reconociendo que sus argumentos eran valederos. Luego le dijo a la maestra de Ashley que se disculpara con sus alumnos y les explicara que existen teorías diferentes sobre la evolución.

Luego hubo una sorpresa más: la directora quedó tan impresionada con los conocimientos de Lisa que la invitó a formar parte del comité de currículos de la escuela.

En una época en que los cristianos están perdiendo las luchas políticas sobre la evolución, notoriamente una década atrás en Kansas, donde los miembros conservadores de la junta escolar fueron vilipendiados y derrotados en la votación, todavía podemos probar nuestro caso individualmente. Un sorprendente número de vecinos y maestros están de nuestro lado: según Gallup, un 68 por ciento favorece la enseñanza de la evolución y creación.

Podemos influir otros ámbitos culturales también. Por ejemplo, el gobierno no puede hacer mucho en contra de la indecencia, pero los cristianos como ciudadanos privados pueden obtener resultados. Tomemos el caso de Abercrombie & Fitch, que solía ser una tienda para caballeros, y que ahora se encuentra entre las tiendas más de moda para ropa de adolescentes. Un catálogo de Abercrombie mostraba desnudez, recetas alcohólicas y explícitos consejos sexuales. En respuesta a ello, grupos de padres organizaron protestas frente a las tiendas y MADD (madres contra los conductores ebrios) descargaron su artillería pesada. La compañía se retrajo y retiró el ofensivo catálogo. Es interesante que Abercrombie informó que sus ventas futuras sufrieron una brusca caída. El *Wall Street Journal* lo atribuyó a la inconstancia de los adolescentes. Yo me pregunto si fue así.

Estas son pequeñas victorias pero no ejemplos aislados. Los cristianos de todo el país están aprendiendo a presentar sus casos de manera efectiva. Hace una década atrás, los embarazos de adolescentes cayeron a su nivel más bajo en sesenta años. Los funcionarios gubernamentales atribuyeron la caída a los programas de educación sexual. Yo creo que la verdadera razón fue la multitud de programas en las iglesias como True Love Waits (el verdadero amor espera) junto con las cambiantes actitudes del público. Los hábitos del corazón proporcionan frenos que el gobierno no puede imponer.

Otro ejemplo: los tribunales, como lo hicieron en el 2000, nos prohibieron dar testimonio a las mujeres embarazadas que ingresaban en las clínicas de abortos. Pero podemos reducir los abortos ofreciéndonos como voluntarios en centros de embarazos de crisis: haciendo ecografías, hablando con las adolescentes embarazadas acerca de la adopción y llevando a las mamás sin techo a nuestros hogares.

Quizás no podamos cerrar las compuertas de la contaminación de Hollywood, pero los líderes de jóvenes pueden invitar a los adolescentes a mirar buenas películas, explicándoles cómo la visión del mundo de los cineastas se compara con las enseñanzas bíblicas. O nos podemos unir al creciente número de ministerios basados en la fe que les dan clases a los niños de las zonas urbanas deprimidas, ayudando a los jóvenes a dejar las drogas o a llevar a niños carenciados a campamentos cristianos.

En 1994, el líder conservador Bill Bennett asombró a un grupo de activistas cristianos que se estaban movilizando para las elecciones en el otoño. "La política tiene importancia", les dijo, "pero la solución a lo que nos aqueja... reside más allá de la política. Yace con un cambio en el corazón". Bennet instó al grupo a permanecer involucrado en la política, si así lo deseaban, pero también a trabajar para cambiar la cultura.

Era un sabio consejo. Sean cuales sean los resultados de cualquier elección, o las promesas triunfalistas o la retórica horrenda que podamos escuchar, cada uno de nosotros debe permanecer firme en su puesto en el escenario de operaciones más cercano: nuestro vecindario.

EL CONGRESISTA QUE APORTÓ UN CAMBIO

Para la mayoría de nosotros, ser la iglesia en el mundo significa estar involucrados en nuestras comunidades y vecindarios. Pero en el más amplio alcance de las cosas, nuestro "vecindario" es allí donde estamos. Ser la iglesia simplemente significa vivir la imagen de Cristo en el lugar donde se nos haya ubicado, incluso si ese ámbito es la política, como lo es para el congresista Frank Wolf.

Frank Wolf, un congresista republicano del estado de Virginia, no es una de esas personas que estrecha la mano de los demás para conquistar su voto. Él evita ser el centro de atención. Debido a su sereno optimismo, los críticos lo han tildado de ingenuo. Sus viajes no son los típicos viajecitos pagados a hoteles de lujo o fiestas en las embajadas, sino excursiones riesgosas a puestos avanzados arrasados por las guerras y el hambre, en especial a los lugares donde los hermanos cristianos son perseguidos por su fe.

Su viaje más reciente lo llevó al Tíbet, donde simuló ser un turista, eludió al guía de turismo simulando estar enfermo y luego se escurrió para hablar con los tibetanos en las calles para enterarse de la verdadera historia de la represión china. Otra expedición lo llevó al Sudán, una nación que está librando una guerra que se describe como religiosa contra sus propios ciudadanos que son cristianos u otros grupos no musulmanes mediante una campaña de torturas, hambre y asesinatos. Los soldados sudaneses están literalmente arrancando a los niños de los brazos de sus madres para venderlos como esclavos por el precio de unas pocas cabezas de ganado. Las niñas son vendidas como concubinas.

Wolf ha viajado a Timor Oriental para denunciar las masacres que lleva a cabo el gobierno de Indonesia. Ha eludido bombas en

Nagorno Karabakh. Ha investigado las condiciones en El Salvador, Bosnia y Etiopía. En vez de disfrutar de los lujosos alojamientos que le corresponden como funcionario gubernamental, Wolf se coloca en la misma situación que la gente común para tener un sentido directo de sus padecimientos.

Antes de la caída de la Cortina de Hierro, Wolf marchó por Europa Oriental abogando por la libertad. Fue el primer funcionario de los Estados Unidos que irrumpió en el famoso Campo Perm 35 en el gulag siberiano, donde estaban prisioneros los disidentes más importantes. A su regreso, publicitó los abusos religiosos y políticos que ellos habían denunciado e hizo los arreglos necesarios para que yo me uniera a un segundo grupo que visitó el campo. Debido a la tenacidad de Wolf, los soviéticos liberaron a muchos prisioneros antes aún de la caída de la Unión Soviética.

¿Qué hace que este político inusual sea tan diferente? El secreto es su fe cristiana. Su inspiración es la misma que la del político y apasionado evangélico inglés del siglo diecinueve que he mencionado en numerosas oportunidades en este libro: William Wilberforce.

Por sus infatigables esfuerzos, Wolf se ha ganado incluso el respeto a regañadientes de la gente que se opone a su política conservadora. La columnista liberal Mary McGrory lo llama "un guardián en las murallas de la libertad del mundo". El ya fallecido congresista demócrata Lionel Van Deerlin describía a Wolf como alguien que pertenecía a "una raza especial", que "parecía atraído al cargo público para cumplir con fines que iban más allá de lo personal y político". Hombres como Wolf, añadía "mantienen encendida una chispa de esperanza en el proceso electoral".

En 1998, Wolf, junto con el copatrocinador del Senado, senador Arlen Specter, introdujo la Ley de Libertad de la Persecución Religiosa, la cual impondría sanciones a las naciones que persiguieran a la gente por su fe religiosa: lugares como Sudán, Egipto, Irán, Arabia Saudita, Vietnam y China. La ley comenzó como una medida maternal: ¿quién podría estar en contra de proteger a la gente de la persecución religiosa? El proyecto de ley pronto obtuvo un amplio apoyo y los líderes del Congreso prometieron llevarlo a votación.

Al poco tiempo, el proyecto de ley se topó con una feroz oposición por parte de los miembros de los grupos de presión, ya que las sanciones que imponía contra los violadores ocasionaría pérdidas económicas a algunas compañías americanas. Pero Wolf no abandonó la lucha y se negó a ceder, y la ley fue finalmente aprobada a pesar de la oposición.

¿POR QUÉ LO HACEN LOS CRISTIANOS?

A lo largo de la historia de nuestra nación, los cristianos han estado al frente de las reformas, la resistencia a las tiranías y violaciones a la libertad. ¿Por qué hacen los cristianos estas cosas cuando sería más fácil mirar hacia otro lado y simplemente vivir la vida con tranquilidad, agachados para no ser detectados por el radar?

La primera vez que *contra mundum* me llamó la atención fue cuando estaba leyendo una carta escrita por John Wesley al infatigable servidor público y abolicionista William Wilberforce. En ella, Wesley compara a Wilberforce con Atanasio, uno de los primeros adalides de la causa de Cristo que estuvo "contra el mundo" defendiendo la doctrina nicena de la Trinidad contra los herejes arios. Mi amigo Richard John Neuhaus tomaría luego la frase y le agregaría otra, "contra el mundo por el mundo", para describir el movimiento de reforma del día actual, que a la larga se conoció como la Apelación de Hartford. Neuhaus, Wesley, Wilberforce y Atanasio sabían que el verdadero amor por nuestros semejantes significa a veces enfrentar el mundo por el bien del mundo.

Recientemente, mientras leía el maravilloso libro de Peter Kreeft, *The God Who Loves You*, recordé que casi todos los apologistas prominentes modernos han escrito al menos un libro sobre el amor. Junto con sus tomos defendiendo los dogmas de la fe, C. S. Lewis, Francis Schaeffer, Norman Geisler, Ravi Zacharias, Art Lindsley y Kreeft han volcado su atención a estudiar las múltiples facetas del amor. ¿Por qué se tomaron el tiempo para escribir un libro sobre algo que algunos podrían considerar un tema extraño para un apologista?

Mientras que estos apologistas asumieron la postura de estar *contra* del mundo, contra la falsa cosmovisión de su época, ellos asumieron esa postura porque estaban *a favor* del mundo, deseando lo mejor para él. El amor es el verdadero motivo del apologista, el *animus.* Es también el *telos*, o objetivo final: Dado que Dios es amor, el entender la verdadera naturaleza del amor significa ayudar a la gente a entender la verdadera naturaleza de Dios. y si estas no fueran razones suficientes, estos escritores han aprendido que el amor mismo es la apologética más grande de todas.

Sin embargo, muchos han malinterpretado el significado del amor porque el idioma inglés (*como el español*) tiene una sola palabra para describir sus muchas emociones y objetos. Los escritores griegos tenían más matices. El amor puede ser *eros*, la clase de amor romántico que celebramos en febrero (en el Día de San Valentín), o *storge*, que significa afinidad y afecto, o *phileo*, que es el apego fraternal, o finalmente *agape*, el amor de Dios que se niega a sí mismo. Las tres primeras clases de amor aluden a las emociones, pero el *agape* es un estado objetivo. Es el verdadero amor. Uno de los principales argumentos a favor del ateísmo, nos advierte Kreeft, nace de la confusión entre el amor objetivo y las meras emociones tales como la bondad. Después de todo, ¿cómo podría permitir Dios el sufrimiento en el mundo?

"*Agape* desea el bien objetivo del amado", escribe Kreeft. "Por lo tanto desea o tolera el sufrimiento cuando ese sufrimiento es necesario para el bien verdadero y objetivo del amado". Luego explica que esta es la razón por la que los padres disciplinan a sus hijos, y la razón por la que Dios no secará cada lágrima hasta que regrese. Mientras que el *agape* se superpone con la bondad y siempre tiene abundantes emociones, Dios tiene en cuenta lo que más le conviene al amado. El don del amor puro de Dios tiene una visión perfecta de las necesidades y verdadera satisfacción del amado.

Si el conocer a Dios es el mayor bien objetivo para los seres humanos, entonces la meta del amor real es ayudar a que los demás conozcan a Dios. Significa erradicar a los dioses falsos del trono del único Dios verdadero. Significa ayudar al amado a encontrar aquello que verdaderamente satisface. Lewis escribe en *The Four Loves* que los menores amores comienzan a convertirse en demonios en el momento en que comienzan a convertirse en dioses. Por eso Cristo nos dice: "Si alguno viene a mí y no sacrifica el amor a su padre y a su madre, a su esposa y a sus hijos… y aun a su propia vida, no puede ser mi discípulo" (Lucas 14.26).

Como Atanasio y Wilberforce —y como Dios también— el verdadero amor tiene que a veces adoptar una postura de oposición por el bien objetivo del amado. El verdadero amor desmantelará las visiones falsas del mundo. El verdadero amor revela donde los amores menores se han convertido en dioses. El verdadero amor se opondrá al mundo por el bien del mundo, porque el verdadero amor sabe qué es lo que el mundo más necesita.

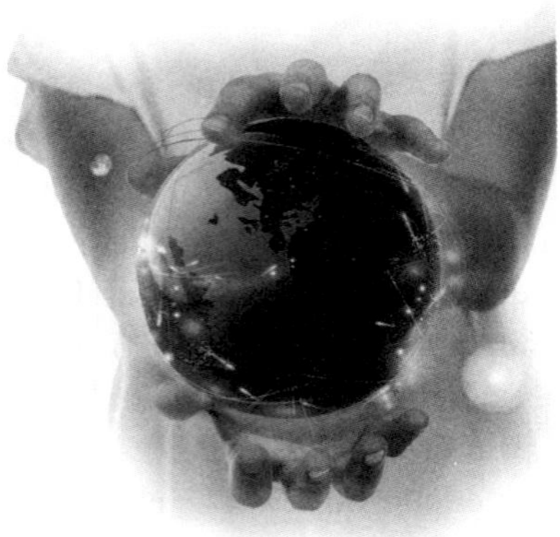

NOTAS

INTRODUCCIÓN

1. El material para esta introducción está tomado de Charles Colson: "The Sky Isn't Falling", Christianity Today, 11 de enero de 1999.

CAPÍTULO 1

2. Este capítulo está tomado de las siguientes columnas publicadas por primera vez en Christianity Today: "The New Civil War", 19 de enero de 2005; "The Sky Isn't Falling", 11 de enero de 1999; "Worldview Boot Camp", 1° de diciembre de 2004; "The Postmodern Crackup", 1° de diciembre de 2003; "How Evil Became Cool", 9 de agosto de 1999 y "Channeling Populist Rage", 6 de abril de 2010.

CAPÍTULO 2

3. Este capítulo está tomado de las siguientes columnas publicadas por primera vez en Christianity Today: "Poster Boy for Postmodernism", 16 de noviembre de 1998; "The Devil in the DNA", 10 de agosto de 1998; "Madison Avenue's Spiritual Chic", 12 de enero de 1998 y "More Doctrine, Not Less", 22 de abril de 2002.
4. C. S. Lewis: *The Abolition of Man* (New York: HarperCollins, 1944, 1947, 1974), p. 26.
5. Encuesta: "El respaldo del aborto disminuye entre los jóvenes adultos" del sitio web de The Christian Post: http://www.christianpost.com/news/poll-abortion-support-falling-among-

young-adults-44267/. Se tuvo acceso al mismo el 7 de febrero de 2011.

CAPÍTULO 3

6. Este capítulo está tomado de las siguientes columnas publicadas por primera vez en Christianity Today: "Moral Education after Monica", 1° de marzo de 1999; "The Wages of Secularism", 10 de junio de 2002; "Machiavellian Morality", 22 de septiembre de 2005; "How the Courts Censor Morality", 17 de noviembre de 1997; "The Moral Home Front", 1° de octubre de 2004; and "Checks and (Out of) Balance", 5 de marzo de 2001.

CAPÍTULO 4

7. Este capítulo está tomado de las siguientes columnas publicadas por primera vez en Christianity Today: "Sowing Confusion", 1° de octubre de 2003; "Societal Suicide", 1° de junio de 2004; "Why Not Gay Marriage?" 28 de octubre de 1996 y "Why Fidelity Matters", 27 de abril de 1998.

CAPÍTULO 5

8. Este capítulo está tomado de las siguientes columnas publicadas por primera vez en Christianity Today: "Moral Education after Monica", 1° de marzo de 1999; "The Wages of Secularism,", 10 de junio de 2002; "Machiavellian Morality", 22 de septiembre de 2005; "How the Courts Censor Morality", 17 de noviembre de 1997; "The Moral Home Front", 1° de octubre de 2004 y "Checks and (Out of) Balance", 5 de marzo de 2001.
9. Aleksandr I. Solzhenitsyn: *A World Split Apart* (New York: Harper & Row, 1978).
10. Comunicado de noticias de la Fundación de la Familia de Henry J. Kaiser del 9 de noviembre de 2005. http://www.kff.org/entmedia/entmedia110905nr.cfm. Se tuvo acceso al mismo el 18 de febrero de 2010.
11. "Teen Market to Surpass $200 Billion by 2011," sitio web de gráficos de márketing del 28 de junio de 2007. http://www.marketingcharts.com/interactive/teen-market-to-surpass-200-

billion-by-2011-despite-population-decline-817/. Se tuvo acceso al mismo el 18 de febrero de 2011.

CAPÍTULO 6

12. Este capítulo está tomado de las siguientes columnas publicadas por primera vez en Christianity Today: "Verdict that Demands Evidence", 28 de marzo de 2005; "Post-Truth Society", 11 de marzo de 2002; "A Serious Decay", 31 de diciembre de 2008; "The Oxford Prophet", 15 de junio de 1998; "Emerging Confusion", 1° de junio de 2006; "Salad Bar Christianity", 7 de agosto de 2000 y "Community of Memory", 15 de octubre de 2007.
13. C. S. Lewis: "Answers to Questions on Christianity" en *God in the Dock* (Grand Rapids: Wm. B. Eerdmans, 1970), p. 52.
14. C. S. Lewis: *The Abolition of Man* (New York: HarperCollins, 1947), p. 60.
15. Ibídem, p. 75.
16. C. S. Lewis: "The Poison of Subjectivism" en *Christian Reflections* (Grand Rapids: Wm. B. Eerdmans, 1967), p. 81.
17. "Barna Survey Examines Changes in Worldview Among Christians Over the Past 13 Years." Publicado en el sitio web del Grupo Barna el 6 de marzo de 2009. http://www.barna.org/transformation-articles/252-barna-survey-examines-changes-in-worldview-among-christians-over-the-past-13-years. Se tuvo acceso al mismo el 19 de febrero de 2011.

CAPÍTULO 7

18. Este capítulo está tomado de las siguientes columnas publicadas por primera vez en Christianity Today: "Faith Vs. Statistics", 1° de febrero de 2003; "War on the Weak", 4 de diciembre de 2006; "Undaunted", 5 de agosto de 2002 y "The New Tyranny", 1° de octubre de 2001.
19. C. S. Lewis: *The Abolition of Man* (New York: HarperCollins, 1944, 1947), p. 57.
20. Ibídem, p. 58.
21. Ibídem, p. 72.

CAPÍTULO 8

22. Este capítulo está tomado de las siguientes columnas publicadas por primera vez en Christianity Today: "Who Holds These Truths?" 6 de octubre de 1997; "Scout's Dishonor", 15 de noviembre de 1999; "Bad Judgment", 1° de agosto de 2006; "The Earmark Epidemic", 25 de septiembre de 2006; "The Political Message of Evangelicals", 5 de octubre de 1998 y "Voting Like It Matters" 10 de octubre de 2008.
23. http://en.wikipedia.org/wiki/Boy_Scouts_of_America_v._Dale#cite_ref-17.
24. Del sitio web de los abogados de los BSA: http://www.bsalegal.org/bsa-v.-wyman-207.asp(Endnotes)

CAPÍTULO 9

25. Este capítulo está tomado de las siguientes columnas publicadas por primera vez en *Christianity Today:* "A Serious Decay", 3 de diciembre de 2008; "Pander Politics", 8 de enero de 2001; "The Earmark Epidemic", 25 de septiembre de 1998; "The Political Message of Evangelicals", 5 de octubre de 1998 y "Voting Like It Matters", 10 de octubre de 2008.
26. http://www.rasmussenreports.com/public_content/politics/mood_of_america/congressional_performance

CAPÍTULO 10

27. Este capítulo está tomado de las siguientes columnas publicadas por primera vez en *Christianity Today:* "A Clan of One's Own", 7 de octubre de 2002; "The Lost Art of Commitment", 4 de agosto de 2010; "Why Women Like Big Government", 11 de noviembre de 1996; "What Are We Doing Here?" 5 de diciembre de 2003.

CAPÍTULO 11

28. Este capítulo está tomado de las siguientes columnas publicadas por primera vez en *Christianity Today:* "Evangelical Drift", 1° de abril de 2004; "Soothing Ourselves to Death", 1° de abril de 2006; "Doctrine Bears Repeating", 24 de marzo de 2009; "Worldview Boot Camp", 1° de diciembre de 2004; "Reclaiming Occupied Territory", 1° de agosto de 2004.

CAPÍTULO 12

29. Este capítulo está tomado de las siguientes columnas publicadas por primera vez en *Christianity Today:* "Wake-Up Call", 12 de noviembre de 2001; "The Moral Home Front", 1° de octubre de 2004; "Why We Should Be Hopeful", 26 de abril de 1999; "The Invasion of God", 6 de diciembre de 2007 y "A Healthy Cult," 12 de junio de 2000.

CAPÍTULO 13

30. Este capítulo está tomado de las siguientes columnas publicadas por primera vez en *Christianity Today:* "Protecting Our Little Platoons", 10 de junio de 2009; "Promises, Promises", 7 de agosto de 2007; "A More Excellent Way", 1° de febrero de 2006; "Confronting Moral Horror", 1° de febrero de 2004.

CAPÍTULO 14

31. Este capítulo está tomado de las siguientes columnas publicadas por primera vez en *Christianity Today:* "Who Are Americans?" 21 de junio de 2010; "Reversing Biblical Memory Loss", 6 de agosto de 2001 y "Quoting the Bible Isn't Enough", 11 de agosto de 1997.

CAPÍTULO 15

32. Este capítulo está tomado de las siguientes columnas publicadas por primera vez en *Christianity Today:* "Being Here" 1° de agosto de 2003; "Neighborhood Outpost", 13 de noviembre de 2000; "Do We Love Coke More than Justice?" 2 de marzo de 1998 y "Valentine's Dynamic Love", 12 de febrero de 2010.